JN075396

社会保障・福祉政策の動向 2022

はじめに

　わが国においては近年、生産年齢人口が急速に減少し、働き方やライフスタイルの多様化が進んでいます。少子化を克服し、持続可能な経済及び社会保障制度を将来世代に伝えていくため、全世代型社会保障の構築が急務となっています。

　こうした状況をふまえ、2022（令和4）年12月に全世代型社会保障構築会議が報告書をとりまとめました。報告書では、特に少子化を「国の存続そのものに関わる問題」と捉え、「こどもを生み育てたいと希望する全ての人が、安心して子育てができる環境を整備すること」をめざすべき社会の将来方向の第一であるとしています。そのうえで基本理念として「『将来世代』の安心を保障する」「能力に応じて、全世代が支え合う」「個人の幸福とともに、社会全体を幸福にする」等を示し、「こども・子育て支援の充実」「働き方に中立的な社会保障制度等の構築」「医療・介護制度の改革」「『地域共生社会』の実現」について、取り組むべき課題と工程を示しました。

　一方、2022（令和4）年6月にこども基本法、こども家庭庁の設置関連法などが成立し、「こどもまんなか社会」の実現をめざすこども家庭庁の設置（2023（令和5）年4月）に向け準備がすすめられています。

　また、2022（令和4）年9月に生活福祉資金特例貸付が終了となり、2023（令和5）年1月からは償還開始となるなど、生活困窮者への支援が次なる段階を迎えるなか、厚生労働省では新型コロナウイルス感染症感染拡大による生活困窮への対応もふまえた「生活困窮者自立支援制度及び生活保護制度の見直しに関するこれまでの議論の整理（中間まとめ）」を2022（令和4）年12月にとりまとめました。

　全国社会福祉協議会においても「コロナ特例貸付からみえる生活困窮者支援のあり方に関する検討会」において生活福祉資金特例貸付を総括し、今後の生活困窮者支援のあり方に関する「提言」を2022（令和4）年12月にとりまとめました。

　本書ではこのような状況をふまえ、2022（令和4）年度「福祉ビジョン21世紀セミナー」から講演とシンポジウムを収録しています。セミナーは「社会福祉法人・社会福祉協議会に期待すること」をテーマに、上智大学の香取照幸教授による講演と、「複雑・多様化する社会に応えるために〜社会福祉法人、社会福祉協議会はどう応えるのか〜」をテーマに先駆的な取り組みを行っている社会福祉法人や社会福祉協議会の3名を迎えたシンポジウムを行いました。

　また、社会保障・社会福祉制度をめぐる10のテーマを取り上げ、①各テーマにおける政策のポイント、②2022（令和4）年12月までの主な施策、検討経過を整理、編集しました。さらに、社会保障・社会福祉制度に関する検討会の報告書（抜粋）や基礎データを収載しました。

　福祉関係者の皆様をはじめ、多くの方々が、この一年の動向を振り返り、今後の社会福祉を推進していくうえでの資料として、本書をご活用いただくことを願っています。

　　　　　　　　　2023年3月
　　　　　　　　　全国社会福祉協議会　政策委員会

社会保障・福祉政策の動向2022　目次

はじめに

第 **1** 章

令和4年度
福祉ビジョン21世紀セミナー
講演録

本章は、「令和4年度福祉ビジョン21世紀セミナー」(令和4年10月12日)の講演を収録したものです。

社会福祉法人・社会福祉協議会に期待すること

上智大学　総合人間科学部　教授
一般社団法人未来研究所臥龍　代表理事

香取　照幸　氏

　本日のテーマは、「社会福祉法人・社会福祉協議会に期待すること」です。これから2040年に向けて、社会は大きく変わっていきます。コロナ禍のなかで、「将来は、こういう課題が生まれるかもしれない」「こういうかたちで社会が変わっていくかもしれない」ということを、私たちは前倒しで経験した気がします。

　コロナ禍の経験を踏まえ、今後、社会福祉法人や社会福祉協議会がどういった使命を果たしていかなければいけないのかということを、皆さんと一緒に考えていきたいと思います。

▌社会福祉法人とは　－あらためて確認する

　まず、社会福祉法人とはどういう存在なのかということを確認しましょう。1つめは社会福祉事業を行う法人であるということ、2つめは非営利法人ということです。

　社会福祉法人は社会福祉事業だけを行う法人ではありません。公益事業や社会福祉事業に該当しないもの、国や地方自治体で予算措置がされていないものなど、さまざまな事業に取り組むことができます。

　社会福祉事業には第1種社会福祉事業と第2種社会福祉事業があります。社会福祉法人は公益事業を行うこともできます。公益事業のなかには法律に規定があるものとないものがあります。また、公益事業として行ってきた事業が法律に位置付けられて制度や事業になることもあります。

　現場の実践が制度を動かしてきたという歴史もあります。訪問介護事業がその一例です。もともとは社会福祉協議会が自主的な事業として始めたものに国が補助金を出していましたが、1963年に老人福祉法が制定された際、法律に規定されました。

　2つめの非営利法人についてですが、社会福祉法人には持分はなく、剰余金は最終

社会福祉法人とは

社会福祉事業をおこなう法人

社会福祉事業が主たる目的　他に、公益事業、収益事業を実施できる

社会福祉事業		公益事業
一種 ・特別養護老人ホーム ・児童養護施設 ・障害者支援施設 ・救護施設 等	二種 ・保育所 ・訪問介護 ・デイサービス ・ショートステイ 等	・子育て支援事業 ・入浴、排せつ、食事等の支援事業 ・介護予防事業、有料老人ホーム、老人保健施設の経営 ・人材育成事業 ・行政や事業者等の連絡調整事業

収益事業
・貸ビル、駐車場、公共的な施設内の売店の経営

非営利法人

①法人財産に持分なし　②剰余金の配当なし　③残余財産の分配なし

社会福祉法人の特徴

○ 社会福祉事業を実施するために供された財産は、法人の所有となり、出資者の持分はない。
○ 収益は、社会福祉事業又は公益事業のみに充当し、利益（剰余金）の配当はない。
○ 残余財産は社会福祉法人その他社会福祉事業を行う者（最終的には国庫）に帰属する。
○ 所轄庁による措置命令、業務停止命令、役員解職勧告、解散命令に服する。

※厚生労働省福祉基盤課調べ（有効回答：15,017法人／H26.4.1）

的には国庫に帰属することになります。つまり残余財産の分配等は行われません。このような法人は学校法人と社会福祉法人くらいです。つまり、公益性を強く意識してつくられた法人といえます。

　社会福祉事業という概念の中には、社会福祉法で規定されている第1種、第2種社会福祉事業がありますが、社会福祉事業よりもう少し広い概念として社会福祉を目的とする事業があります。さらに、社会福祉に関する活動ということで、ボランティア活動などがあります。

　法律上規定されているもの以外にも、「社会福祉」という概念に含まれているものはたくさんあり、それは社会福祉法人や社会福祉協議会が独占しているものではありません。第2種社会福祉事業は社会福祉法人の専売特許ではないので、NPO法人、農協、生協、さらには株式会社でも行うことができます。しかし、事業者が営利法人であっても社会福祉事業の性格や使命は変わらないので、社会福祉事業の理念や目的を理解したうえで事業運営をしていかなければなりません。

　次に税制面から考えると、社会福祉法人は、法人税も事業税も非課税です。固定資産税も、第1種、第2種社会福祉事業に要する部分は非課税です。公益法人は法人税と事業税は非課税ですが、固定資産税やその他の税金は課税されます。営利法人は法人税、事業税、固定資産税すべてが課税されます。社会福祉法人と同様のかたちで非課税になっているのは学校法人くらいです。

　続いて法律の面から見ていきます。2000年に社会福祉事業法が改正されて社会福祉法が施行され、第3条に「福祉サービスの基本的理念」が新しく規定されました。この第3条では、一人ひとりの自立を支援する、尊厳を守ることが、福祉サービスの基本理念であることが明記されました。つまり特定の弱者ということではなく、すべて

の地域住民に必要な支援をすることが社会福祉法に規定されています。

　2000年に社会福祉基礎構造改革が行われ、それまでの措置制度から契約制度となり、国民の社会的な自立を支援するかたちに転換しました。そして福祉現場に多様な経営主体が参入し、事業者間がサービスを提供する側として競合し、お互いに切磋琢磨してよいサービスを提供していくかたちに大きく変わりました。第1種社会福祉事業は経営主体の規制があり、国や地方公共団体、社会福祉法人が原則となっていますが、第2種社会福祉事業にはさまざまな経営主体が参入しており、市民の生活を支える多様な事業を行っています。

　同様に、介護保険法の施行によっても福祉の概念が大きく変わりました。介護保険法は老人福祉を措置制度から契約制度に変え、公費中心から保険による仕組みとし、利用者の権利性を認め、運営主体の規制の緩和という大きな改革を行いました。

　戦後の貧しい時代は、救貧や保護が重要視されていました。これは憲法で国の責務とされていたので、行政が行う措置行為を受託するかたちで社会福祉法人がつくられました。それが時代の変化とともにニーズが変わり、国民の意識が変わっていくなかで、措置から契約、救貧から防貧、あるいは参加という形に変化し、さまざまな主体が参入してきているのが今のかたちです。

　「社会保障審議会福祉部会報告書〜社会福祉法人制度改革について〜」（2015年2月）では、これまでの社会福祉、社会福祉法人の発展の経緯が記載されています。歴史の中で社会福祉事業の位置付けは大きく変わり、サービスの質の向上、事業の透明性の向上に取り組みながら、社会福祉法人がその中心的な役割を担っていく必要があります。そのためには地域にあるニーズや世の中の変化に積極的に関与していくことが大切です。制度はかたちをつくって動かすものなので、どうしても後追いでつくられていきます。訪問介護事業のように、制度に先駆けて必要なサービスを積極的に創出していくことが社会福祉法人の役割です。

　公益法人は今、より公益性が求められる公益法人と、非営利でいろいろな活動をしている一般法人の2つに分かれています。社会福祉法人のあり方も、今後はそのようなかたちに変わっていくのだと思います。

社会福祉法人の現状

　社会福祉法人は2018年時点で全国に約２万法人あります。そのうち、１万8,000法人は施設経営を中心とした法人です。

　それぞれの社会福祉法人がどのくらいの施設・事業所を経営しているかというと、１法人１施設、あるいは１法人１事業の法人が多くなっています。高齢、障害、児童分野という種別があるなかで、１つの事業だけを経営している法人が多いということは、それぞれの社会福祉法人を横につないで連携し、活動の輪を広げることが大切ということになります。

　社会福祉法人の多くが施設経営法人であると申しあげましたが、そうするとどうしても施設管理が中心になります。しかし、世の中が変わっていくなかで、事業形態を変えながら新しい福祉ニーズにどのくらい積極的に対応しているかということが問われています。

　厚生労働省の調査研究で、社会福祉法人がどのくらい公益事業に関わっているかを調査した結果がまとまっています。この調査によると、介護保険の居宅系サービスや相談支援等を多くの法人が行っています。市町村からの受託事業として公益事業を行っている法人もあります。一方で、生活困窮者の支援など、制度的に十分整備されておらず問題が複雑に絡み合っているものはあまり実施されていません。余力がないということもあるのかもしれませんが、制度の枠組みを超えた事業はあまり行われていないようです。

　施設経営法人の中で社会福祉法人は中心的な存在になっています。以前は公立施設が多かったのですが、今は特別養護老人ホームの９割以上が社会福祉法人です。在宅サービスなどの第２種社会福祉事業は社会福祉法人以外の経営主体が多く参入しており、訪問介護は７割近くが営利法人ですが、それでも社会福祉法人が中心であることに変わりはないので、地域の問題を解決していくために、社会福祉法人がどこまで公益活動に取り組むかということが非常に重要です。

　社会福祉法人は、多様な経営主体との競合関係の中でサービスを提供しています。つまり、より利用者意識やニーズを先取りするという感覚が必要になります。ニーズを先取りするという点でみると、コロナ禍でも課題になりましたが、社会福祉法人の生活困窮者に対する支援は重要です。2013年に生活困窮者自立支援法が成立しましたが、地域において生活困窮者へ社会福祉法人としてどのように対応していくかが問われています。社会福祉法人が期待に対してどこまでできているか、あるいは取り組む姿勢があるかという意味でいうと、もう少しがんばっていただかなければいけないと思っています。

社会福祉法人の今後のあり方・展望

　新しいニーズに対応するために、新しい事業やサービスがつくられます。例えば、2011年にサービス付き高齢者向け住宅がつくられました。これは住宅ですから国土交通省の所管になりますが、実質、国土交通省と厚生労働省が共同で高齢者の地域生活を支えるためにつくった制度です。

　入居する人のニーズの半分は住宅ですが、大切なニーズの残り半分はきちんとしたケアが受けられるかということです。住宅関係の事業者がつくったケア付き住宅と社会福祉法人がつくったケア付き住宅があった時に、どちらのほうが社会的な信用があるかというと、社会福祉法人になると思います。しかし、この事業に積極的に参入してきたのは住宅関係の事業者です。社会福祉法人で参入しているところはそれほど多くありません。措置制度により福祉は非課税で、公的なお金で運営されていたことから、積極的にいろいろな事業に参入していくことが難しいのかもしれません。しかし、ニーズがあるものには積極的に取り組んでいってほしいと思います。

　似たような非営利法人として医療法人がありますが、医療法人は医療以外の分野にも積極的に参入しています。特別養護老人ホームを経営している社会福祉法人でも、経営母体が医療法人であるところはかなりあります。そういう点でいうと、社会福祉法人が近接分野に積極的に出ていかないことは少し残念です。

　社会福祉法人は社会的な価値が認められていて、一定の制度的な枠組みと中核部分の保障がされています。社会福祉法人の本旨に照らせば、法律上書いてある事業だけに取り組んでいればよいのではなく、営利法人では安定的、継続的に運営することのできない事業に積極的に取り組んでいくことが求められています。

　新たなサービスに参入すること以外にも、これからは連携・協働・統合が求められていきます。歴史的な経緯があって経営規模の小さい法人が多いのですが、世の中が変わっていった時に事業展開ができるのか、求められているニーズに応えられるか、人材の確保ができるのか、１施設で職員のキャリアパスをどう考えるかなど、いろいろな課題が生じてきます。

　サービス自体はそれぞれの地域で地域に密着したサービスを提供しながらも、経営や事業運営のかたちとしては、法人同士が協働してネットワークをつくっていくことで、事業そのものの効率化や新しいサービスへの参入などの余力を生み出すことが求められています。

　この連携・協働の手法として、医療分野では地域医療連携推進法人がありますが、同様の仕組みが社会福祉分野でもつくられました。それが、社会福祉連携推進法人です。

　このような法人形態をつくることで、法人としてきちんと「経営する」というマインドを持ち、経営の透明化や見える化にも取り組むことになります。複数の法人を横

社会福祉連携推進法人（仮称）の業務のイメージ　令和元年12月16日 第24回社会保障審議会福祉部会 資料3

○ 地域生活課題や福祉サービスの提供のための課題に対し、社会福祉法人等の連携により対応する選択肢の1つとして制度化。
○ 具体的な業務として、「地域共生社会の実現に資する業務の実施に向けた種別を超えた連携支援」、「災害対応に係る連携体制の整備」、「福祉人材不足への対応」、「設備の共同購入等の社会福祉事業の経営に関する支援」などが想定される。

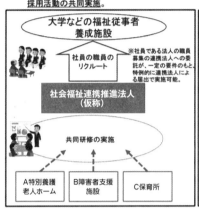

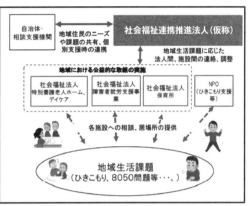

出典：第24回社会保障審議会福祉部会資料（令和元年12月16日）

につなぐことによって、法人会計の弾力化をすることもできますし、共同採用や共同雇用も可能になります。協働して取り組むことによって、各々の法人だけでは手が届かなかったことにも取り組むことが可能になります。法人経営や存続という面からも、地域のニーズに応えることで法人として強くなるという意味でも、こういった連携・協働がこれから大事になっていきます。

　持分のない社会福祉法人は企業のように株式を持ち合って協働することは簡単にできないので、少し複雑な仕組みになります。しかし、法人同士の連携のかたちをつくり、そのなかで法人を強くし、いろいろな事業に取り組めるようにしていくことが、この制度の趣旨になります。

　社会福祉連携推進法人で福祉従事者の養成施設を共同でつくる、異なる事業の法人が連携をして地域のニーズを包括的に受け止める、社会福祉法人が統合し本部機能を集中させる、共同で採用をする、共同購入しコストを効率化させる、法人単体では実施が難しい研修を共同で行うなど、さまざまな取り組みが考えられます。社会福祉連携推進法人として協働して取り組み、いろいろな課題に積極的に取り組んでいく、これからの社会福祉法人にはそういうことも求められています。

　社会福祉連携推進法人制度の先駆的なモデルとなったのが、「リガーレ暮らしの架け橋」という、京都の複数の社会福祉法人が協働で事業をしている組織です。当時はまだ制度がなかったので、法人間で理念を共有するというところから始まり、事業を行っていったと伺っています。

支援の拡がりが地域づくりへ

　地域共生社会は、各専門分野をベースにそれぞれが協働して地域づくりをしていくことで形作られていきます。これまで日本の福祉サービスは専門化し、高齢は高齢、障害は障害というかたちでそれぞれの分野ごとに高度化してきました。そういった専門分化したサービスを横につなぎ、重層的に重ねていくことで、地域づくりや地域支援をしていくことができます。

　地域共生社会の中核は重層的な支援体制をつくることです。体制ができていくと、その延長線上で人びとの地域生活が把握でき、具体的な取り組みにつながっていきます。そういう実践を積み重ね、地域共生社会を実現していくという考え方なのです。

　厚生労働省は社会福祉法の改正を行い、重層的支援体制整備事業を2021年4月に創設しました。「相談支援」というかたちで地域との関わりをもち、アウトリーチ活動も行うなかでいろいろなネットワークがつくられ、関わった人同士のつながりから主体的に参加する契機をつくることができます。つまり、地域に出ていくことで、地域の人の力を引き出し、そこにできた新たな関係を積み重ねていくことで、地域づくりにつなげていくということです。

　これまでは分野ごとに縦割りで活動していましたが、それでは、制度の狭間にいる人たちにはどこからも手が届かなくなってしまい、そこに対するアウトリーチもできなくなっていきます。それを横につなげてアウトリーチしていくような連携をつくり、支援の輪を広げていくのが重層的支援体制整備事業です。事業ごとのつながりが

II. 地域共生社会の実現のための視点と重層的支援体制整備事業

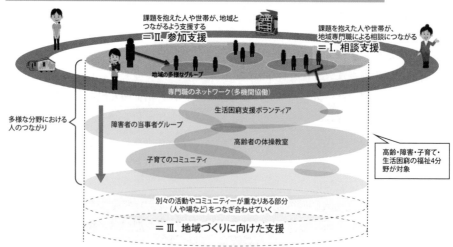

出典：「重層的支援体制整備事業に係る自治体等における円滑な実施を支援するためのツール等についての調査研究 報告書」
（三菱UFJリサーチ＆コンサルティング、令和3年3月）を一部改変

出典：「重層的支援体制整備事業に係る自治体等における円滑な実施を支援するためのツール等についての調査研究 報告書」
（三菱UFJリサーチ＆コンサルティング、令和3年3月）

でき、関わっている利用者との間での連携ができ、それが積み重なって人と人とがつながり、全体としての支援ができるようになり、それが地域づくりにつながっていきます。

　例えば小規模多機能型居宅介護にはもともとケアマネジャーが配置されています。そこに地域包括支援センターの相談機能を付加することでサービス内容が拡がっていくのです。

　このように、それぞれの事業に他の機能を入れ込んでいくことで事業のウイングが拡がっていきます。クリエイティング・シェア・バリュー（CSV）と言いますが、さまざまな価値を共有することで自分たちの事業の延長線上に社会的に価値のある活動をすることができるようになるのです。

　もともと社会福祉法人の活動自体が公益的な活動なので、法人の事業を順調にすすめることと、社会に貢献する事業をすることは当たり前だと思っているかもしれませんが、こういう考え方をもつ民間企業はなかなかありません。その意味で言えば、社会福祉法人にはそもそもアドバンテージがあるのです。

切れめのないサービスの提供

　地域包括ケアシステムと地域共生社会の話をしたいと思います。なぜこの話をするかというと、サービスや事業者の連携や切れめのないサービス展開ができる枠組みをすでに制度化し、示しているのが地域包括ケアシステムだからです。

　「持続可能な社会保障制度の確立を図るための改革の推進に関する法律（社会保障制度改革プログラム法）」の第4条では、地域包括ケアシステムとは「地域の実情に

応じて、高齢者が、可能な限り、住み慣れた地域でその能力に応じた自立した日常生活を営むことができるよう、医療、介護、介護予防、住まい、及び自立した日常生活の支援が包括的に確保される体制」と規定しています。

これは高齢者分野に限った話ではなく、地域共生社会と考え方は同じです。今では地域包括支援センターは介護保険の枠を超えて拡がっていて、障害や母子などの相談支援事業を地域包括支援センターの資源を使って展開しています。そう考えると、地域包括ケアシステムの話は地域共生社会につながり、これから社会福祉法人や社会福祉協議会が事業をどうやって地域に拡げていくかを考える時のヒントになるのかもしれません。

国土交通省は人口が減少するなかで、地域社会をどうやって存続させるかを考えています。人口が減るなかで、生活インフラを守って生活していけるような町をつくるために、ダウンサイジングして町をつくり直していくと言っているのです。

その時に、何がいちばん大事かというと、医療や福祉と連携することです。高齢者が安心して暮らせるようにするためには、歩いて行ける範囲内に病院や福祉施設などのさまざまなサービスがあることが重要です。まちづくりは、道路をつくって家を建てればいいだけではありません。公共サービスや警察、学校も必要ですが、人が安心して暮らし続けるためには、医療と福祉が大事だということです。

ではそれをどうやってつくるのかということですが、地域包括ケアシステムをまちづくりに組み込むのです。地域のなかでどうやって高齢者を守るかという話の延長線上に、まちづくりや地域共生社会が見えてきますが、これから人口が減っていくなかでどうやって自治体を守るか、地域を守るかと考える時のいちばん大事なコンセプトに「福祉」があります。

地域のこれからと社会福祉法人

最後にこれからの社会をイメージしてみましょう。まず、2035年になると、85歳以上の高齢者が1,000万人になります。おそらく高齢者の約8割は単身世帯になると思うので、いろいろな「困りごと」、つまり生活支援が必要な高齢者が増えることが予想されます。

2040年になると、団塊の世代が90歳となり、自治体も人口が減るので、行政機関はコアな行政業務のみを行い、おそらく地域づくりやまちづくりはできなくなってきます。ある程度、「地域のなかで自立的にやってください」という方針になっていきます。最近、総務省が「スマート自治体」を提唱し始めていますが、要するに「コアなことはやるけれども、それ以外はコーディネートのみでリソースは出せません」ということになるのです。では、そこは誰が引き受けるのかということを考えなければいけないということを理解してください。

また、東京や大阪、中山間地域、地域の中核地では、それぞれの状況はかなり異な

ります。東京は2060年ぐらいまで高齢者が増え続け、その先に人口減となっていきます。中山間地域になると高齢者人口も減っていくので、これ以上、特別養護老人ホームをつくっても仕方がないという世界になります。病院も病床数を減らさなければいけません。

　それぞれの地域で状況が異なっているので、それぞれがこれからどういうことが必要になるだろうか、そのなかで自分たちができることは何だろうか、あるいはやらなければいけないことは何だろうかということを考えて、そこから逆算してその時々の過程で何をしなければいけないかを考えなければいけません。

　そのゴールに向けて、社会福祉法人や地域福祉を担う人、医療関係者、自治体などが地域全体で共有をし、役割分担を決めて、どのように取り組んでいくかを考えていくことが、今後の地域をデザインするということだと思います。

　福祉は、その人の住んでいる地域にあるのが基本です。できるだけその人の生活圏域でサービスを提供し、限られた資源のなかで協働しながら制度の隙間を埋める取り組みをしていかなければいけません。

　営利法人やNPO法人にも役割はありますが、継続的に事業ができる制度的な枠組みが用意されている社会福祉法人はアドバンテージを持っていて、果たすべき役割が大きいと考えなければいけません。逆に言うと、その期待に応えることができなければ、社会福祉法人はダメだとなってしまうのです。

　福祉の世界では今、多様な経営主体や団体が活動していますが、全体を束ねていくような、協働の中核になるような役割が社会福祉法人・社会福祉協議会には求められています。それが実現できる経営、運営、事業の形態を考えていくことが、社会福祉法人・社会福祉協議会にとって、これから大事になっていくだろうと思います。

複雑・多様化する社会に応えるために
～社会福祉法人・社会福祉協議会はどう応えるのか～

【登壇者】

（宮城県）社会福祉法人ライフの学校　理事長　田中　伸弥　氏

（福岡県）大牟田市社会福祉法人地域公益活動協議会 ／
　　　　　大牟田市社会福祉協議会総合生活支援課　課長　馬場　朋文　氏

（滋賀県）大津市社会福祉協議会　事務局次長　山口　浩次　氏

【コーディネーター】

上智大学　総合人間科学部　教授 ／

一般社団法人未来研究所臥龍　代表理事　香取　照幸　氏

香取：本日は地域住民の抱える課題が複雑化・複合化するなか、社会福祉法人・社会福祉協議会が地域のなかで連携・協働してつながっていくことで、いかに地域のニーズを受け止めて応えていくのか、現場で実践をしている社会福祉法人、社会福祉協議会の３名のパネリストに実践報告をいただきます。

　はじめに、社会福祉法人ライフの学校理事長の田中さんお願いします。

▌1. ライフの学校の実践

田中：社会福祉法人ライフの学校は、仙台駅から約６キロ、海からも約４キロの、東日本大震災で被災した場所で事業を行っています。仙台市は、人口108万人で2050年までは市場があるといわれており、全国からさまざまな社会福祉法人が参入しています。とはいうものの、利用者はいるけれども、介護人材が不足しています。

　また、私たちの法人は介護保険制度創設以降にできた後発組の社会福祉法人であるというのが特徴だと思います。

　ライフの学校では、8つの"Re:"をもとにプロジェクトを動かしています。"Re:project"というのは、これからの人口減少社会において多様性を認め合う、寛容な地域社会をつくるということ

Re:project

Renewal	（更新）	Renovation	（修復）
Resource	（資源）	Restore	（復元）
Recreation	（楽しみ）	Research	（研究）
Recycle	（再生利用）	Rebuild	（建て替え）

ライフの学校8つのプロジェクト

で、新たにいろいろな取り組みをしようということです。

Re:newal（再生・更新）

　まず、"Re:newal" ということで、2020年に法人をリニューアルしました。法人のホームページにコンセプト動画を掲載しているので、ぜひご覧ください。

　ミッションは、「支えあって、学びあって、すべてのひとの『人生』を豊かに」としています。以前は「高齢者の尊厳を守り…」というミッションで、種別（対象者）が限定されていましたが、「すべてのひと」を対象に変更しました。

地域のニーズに双方向の関係で向き合う

　ライフの学校の特徴的な取り組みを紹介します。まず、「駄菓子屋『かみふうせん』」という取り組みです。仙台市は学区を越えて子どもだけで買い物に行ってはいけないというルールがあります。A小学校区には駄菓子屋があるけれども、B小学校区には駄菓子屋がないという場合に、B小学校の子どもは道路を挟んで5メートルしか離れていないA小学校区の駄菓子屋に行ってはだめなのです。駄菓子屋や居場所がないまま6年間の学校生活が終わるのはどうなのだろうということで、地域のおやじ会やPTAなど、地域の人びとから駄菓子屋をつくってほしいというニーズが寄せられました。

　特別養護老人ホームに入ってすぐの居宅介護支援センターがあった場所を改装し、おやじ会やPTAの人びとと一緒に駄菓子屋をつくりました。実際に駄菓子屋を始めてみると、駄菓子屋は目的ではなく「手段」だということがわかりました。子どもたちを見ていると、駄菓子屋には来るけれども、必ずしも駄菓子を買っているのではなく、自由にいられる場所や居場所を求めて来るのです。宿題をしたり、女子会をしたり、男の子はゲームをしたりと、そういった風景が見られました。

　社会資源である社会福祉法人に、子どもを含め多様な人びとが「気軽に立ち寄ることができる」ということがライフの学校のコンセプトになっています。

　また、当法人のデイサービス利用者で認知症の人びとの「手続き記憶」を生かした取り組みとして、雑巾縫い教室があります。法人から歩いて500メートルくらいのところにある保育所に毎週水曜日に出向き、年中・年長の子どもたちに雑巾縫いを教えています。デイサービスに来ている時は、サービスの受け手、ケアを受ける側なのですが、外に出て保育所に行くと認知症があるかどうかは関係なく、地域の雑巾縫いを教えてくれるおじいちゃん、おばあちゃん先生になります。そこで思ったのが、ケアの受け手という一方向ではなく、インタラクティブ（双方向）の関係性がつくれるのではないかということです。これもライフの学校のコンセプトとなっていきました。

　ほかにも、特別養護老人ホームの屋上を図書館にして、学習支援教室を行っています。文部科学省の進めているコミュニティ・スクールの仕組みを活用して、仙台市が行うモデル事業に参画するかたちで、小学4〜6年生の子どもと保護者全員に手紙を配布して希望を取り、現在、毎週金曜日の午後3時半から5時半まで学習支援教室を

実施しています。施設車両で子どもたちを迎えに行って、帰りは一人ひとりの自宅まで送り届けています。学習支援教室に関わっているのはライフの学校の相談員や栄養士、事務員であり、職員が誰でもみんな、地域の顔見知りとなって、顔の見える関係をつくっていこうとしているところです。

　ほかにも特徴的な取り組みとして、毎週土曜日に下記のような、さまざまな取り組みを行っています。駄菓子屋や学習支援教室だけだと、小学生の子どもとしか触れ合う機会がありません。ライフの学校では多様な人がゆるく交じり合うことが大切だと考えていて、一般の人びとにライフストーリー学や看取り、将来の変化に備えたACP（アドバンス・ケア・プランニング）について学んでいただく機会を提供したり、暮らしの食堂などを、コロナ禍でも止めることなく、毎週土曜日に続けてきました。

人生の大先輩から「生きる」を学ぶ

　特に力を入れているのが、「ライフストーリー学」です。ライフの学校では「利用者さん」「入居者さん」とは言いません。利用者と言うと、固定的な関係性を意識付けてしまい、利用する側・される側となってしまうので、「パートナー」という言い方をしています。

　「聞き書き」という手法で、「ライフストーリーブック」を作成し、家族と本人に贈呈しています。承諾をいただけた人のライフストーリーブックは、特別養護老人ホームの屋上にあるライフの図書館に置いています。学校の図書館には歴史上の人物の本がありますが、ライフの図書館にはここでしか読めない生の人生のリアルな本があり、身近な地域の人のお話が詰まっています。

Weekend Program は、ライフの学校で週末に開催している、地域の皆さんにもご参加いただけるさまざまなプログラムです。

これを人生録としてケア記録のなかにも転記して、その人がどう生きてきたのかということを記録するようにしています。この本ができた人から、ライフストーリー学として、毎月第2土曜日に地域の人びとや家族などに「私はこういう人生だった。これからこう生きていきたい」といった自分語りをしていただく機会をつくっています。また、この自分語りをYouTubeにあげて、当日参加できなかった職員もあとで見ることができるようにしています。

社会福祉法人ライフの学校
理事長　田中　伸弥　氏

この取り組みのなかで、「おばあちゃんは私が小さかった頃の話はよくしてくれるけれども、おばあちゃんが小さかった頃の話を聞くことが少なかったので、とても勉強になりました」とお孫さんが話されたことがあります。

私たち介護職員は、「私たちの頃は、戦争で大変だった」などとその人の昔話を聞くことがあります。けれども家族には、「あなたが小さい頃はこうだった」という話はするのですが、「私が小さい頃は…」という話はしないのです。家族に話す内容と職員に話す内容が異なっているところを、ライフストーリー学で双方向性にしていくことが非常に大事だと考えています。

Re:novation（修復・再生）

ライフの学校では、庭の垣根も取り払いました。社会福祉法人の活動を地域に見せていくと言っているわりには物理的な壁や障壁が結構ありました。壁を取ることをシンボル的にやろうということを意識して、民生委員・児童委員、校長先生、市民センターの館長など、地域の主要な人びととともに、どのような庭にしていこうかという話をして、若手建築家と協働で作りました。

以前は外から見えなかった高齢者がデイサービスでお茶をしている姿や、子どもたちが駄菓子を買いに来る姿などの日常の風景を地域に見えるようにすることで、福祉の見える化がすすんでいくのではないかと考えています。

Re:store（復元・復活）× Re:sourse（資源・資産）

ある時、ほかの法人の施設長から、その法人の施設に通所していたダウン症の利用者のことで相談を受けました。「障害者ばかりでつまらないから、うちの通所に行きたくないと言うのです」と。

障害、高齢、認知症とカテゴライズするのではなく、ともに地域で生きるということがどういうことか、地域共生社会に向けてのヒントをいただきました。この方からの学びを活かし、就労継続支援B型事業所を特別養護老人ホームのなかで始めて、ベッドのシーツ交換や食事の準備、コロナ禍では消毒なども行ってもらっています。

すべてを学びとしてつなげる

　死ぬまでのライフイベントがかつては各地域で見えていたのが、見えづらくなってしまいました。福祉や暮らしが見えなくなってしまったものを、ライフの学校ではすべて学びとしてつなげていきたいと考えています。

　社会福祉連携推進法人の話もそうですけれども、いろいろな事業体と協働して取り組みを積み重ねていくことが今後大切になるのではないかと思っています。

香取：田中さん、ありがとうございました。では次に、大牟田市社会福祉法人地域公益活動協議会の事務局を担っている大牟田市社会福祉協議会生活支援課課長の馬場さんお願いします。

2. 大牟田市社会福祉法人地域公益活動協議会の実践

馬場：私は今日、社会福祉協議会（以下、社協）の職員という立場ではなく、大牟田市社会福祉法人地域公益活動協議会の事務局という立場でお話をさせていただきます。

　大牟田市は三池炭鉱の町でしたが、1997年に炭鉱が閉山になりました。人口のピークが約60年前で、約21万人だったのが、今はその半分くらいになっています。高齢化率は37.6％です。ひとり暮らしの高齢者世帯が全世帯の26.9％で4世帯に1世帯以上と、少子高齢化が進行しています。

　どこの町もそうだと思いますが、人口減少にともなって、いろいろな問題が出てきており、複合的な課題も多くあります。以前は高齢者施策、障害者施策、児童施策と、縦割りのなかで対応してきましたが、今はすべてが複雑になっていて、いろいろな問題が生活支援相談室に寄せられてきています。

人口減少にともない表出してきた大牟田市の課題

　私どもは昨年、地域の見守り活動をしている民生委員・児童委員や福祉委員、サロンの世話人にアンケート調査を行いました。その結果から見えてきた現状と課題は次のとおりです。

　地域福祉実践者の意欲は高いのですが、どんどん高齢化が進んでいます。その反面、若者は地域への興味や関心が薄く、地域行事などになかなか出てこない傾向にあります。また、近年は身近な商店が閉店し、バス路線もどんどん廃止されています。そういった環境変化により、高齢者の集う場所がなくなってきています。さらに、地域力の低下により地域行事や地域活動の規模が縮小し、いっそう地域力が低下しています。

　それから、これが今いちばんの問題なのですが、個人情報保護の意識が高いので、「こういう方がいらっしゃるのですけれども」という話は来るのですが、それに基づいて私たちが訪問すると、「どこからその話を聞いたのか」と言われることがあります。個人情報保護の壁というのが結構あるのではないかと思います。

社会福祉法人が連携して生活困窮者のレスキュー事業を実施

そこで、私たちは市内の社会福祉法人に呼びかけて、社会福祉法人地域公益活動協議会（以下、地域公益活動協議会）を2015年5月に立ちあげました。大牟田市内に社会福祉法人は30あるのですが、16法人で創設し、現在、27法人が加入しています。全施設の常勤職員だけでも1,500人を数えます。

大牟田市社会福祉法人地域公益活動協議会／
大牟田市社会福祉協議会総合生活支援課　課長
馬場　朋文　氏

この協議会では生活困窮者レスキュー事業を行っていますが、具体的な活動内容は次のとおりです。地域住民の生活困窮などの相談を受け、まずは社協の初期相談窓口である生活支援相談室につなぎ、アセスメントをして、地域公益活動協議会で対応すべき事業であるということになると動き出す仕組みです。

① ゴミ屋敷と呼ばれる家の清掃活動

これは本当に人海戦術です。27法人から1法人1人出していただければ27人が集まり、2人来れば54人になります。人海戦術で大体1日で全部片付けるようにしています。これまでに20件ほど対応しています。

② 生活困窮者への食料・日用品等支援

「きょう、食べる物がない」と言って来られる人が結構います。地域公益活動協議会の加盟法人がお金を出し合って事務局で食料品等をストックしているので、必要な人にお渡ししています。

③ 生活つなぎ資金貸付支援

「きょう、電気が止められる」という人も結構来ます。そういう人には「次に収入が入った時に返してください」と言って貸し付けています。ライフラインが止められないように対応しています。

④ 住居を持たない人の宿泊支援

住居を持たない人、ホームレスの人も来ます。とりあえず泊まる場所をということで、ホテル等に行ってもらいます。こうした実績を積み重ね、2020年から大牟田市は一時生活支援事業を社協に委託して展開しています。

⑤ シェルター提供（DV等の緊急支援）

例えば、DV等を理由として急に来られる人もいます。法人が所有している物件を1軒無償で貸与いただいていますので、いったんそこに入っていただいて、しばらくの間、身を隠してもらいます。

⑥ ひきこもりの人の就労・ボランティア体験支援

就労を希望する人には、加盟法人の施設で就労体験をしていただいて、少しずつ慣

れていただいています。

⑦ 家電および自転車・布団等の無償貸出および支給

家電や自転車、布団等の無償貸し出しや支給を行っています。

⑧ 臨時休校中の児童・生徒への食料提供

2020年3月、コロナウイルスの感染拡大により、小・中学校が急に休校になりました。休校になると、給食だけしか食事がないという子がいることから、その子たちに対して食糧支援をしてもらえないかという話がスクールソーシャルワーカー（以下、SSW）および要保護児童対策地域協議会からあり、対応しました。障害者施設で作った弁当やパンを社協に届けてもらい、それをSSW、子ども家庭支援センター、行政、地域公益活動協議会および社協職員で各学校に配りました。

⑨ 新型コロナウイルス感染症自宅療養者への食料品・生活物資提供業務（大牟田市からの受託事業）

これは大牟田市からの受託事業ですが、大牟田市から指定された物以外、例えば子どもの紙パンツや粉ミルク、子ども用のお菓子、アレルギー食品などは市のパッケージに含まれていません。よって、それぞれの家庭に必要なものは地域公益活動協議会の負担で提供しています。

市が受け付けて作成したアセスメントシートに基づいて、地域公益活動協議会のスタッフが一緒になって配るという流れになっています。仕分け作業は、ひきこもりで社会体験が必要な人にも手伝ってもらいました。

表が2021年10月からの実績です。

これを配ったことで、お礼のメールもいただきました。特に子どもたちにお菓子を配ったことが非常に喜ばれました。

社会福祉法人の連携により地域の課題を解決するためのつながりが拡がる

地域公益活動協議会の活動を通して、地域の課題を解決するための新たなつながりが拡がっています。まず福祉避難所ですが、今まで社協がある総合福祉センターだけが福祉避難所になっていまし

月　別	世帯数	配達数	菓子配達数	配送スタッフ数
令和3年10月	9世帯	29人	10人	18人
令和3年11月	1世帯	2人	1人	3人
令和4年 1月	31世帯	96人	43人	65人
令和4年 2月	119世帯	416人	176人	254人
令和4年 3月	156世帯	541人	265人	314人
令和4年 4月	163世帯	608人	292人	332人
令和4年 5月	134世帯	482人	244人	270人
令和4年 6月	87世帯	265人	104人	174人
令和4年 7月	669世帯	1,878人	870人	1,365人
令和4年 8月	831世帯	2,047人	814人	1,662人
合　　計	2,200世帯	6,364人	2,819人	4,457人

表：新型コロナウイルス感染症自宅療養者への食料品・生活物資提供状況報告
出典：大牟田市社会福祉協議会

た。センターだけで受け入れるのは非常に難しいので、入所施設のある法人に市と協定を結ぶことを呼びかけ、福祉避難所が11か所になっています。

それから子ども・地域食堂です。現在、市内で8校区、あとエリア限定というものが5つありますが、それを社会福祉法人がバックアップし、活動費等の補助をしています。

先日、ひきこもり支援ネットワークを立ち上げました。今年は周知、啓発、勉強という年にしようと思っていますが、今年度は家族会までは何とか立ち上げたいということで、これも地域公益活動協議会に関わっていただいています。

そのほかに構想としてあるのは、買い物支援プロジェクトです。近所の商店がどんどん閉店していて、買い物に困っている高齢者が多くいます。サロンを組み合わせて、買い物支援ができないかと考えています。特にデイサービスセンターが保有する車両は朝と夕方しか使わないので、使わない時間帯を利用できないか検討しているところです。

それから最後に、制服バンクです。中学校に入学するが制服がない、買えないという相談を受けることがあります。社会福祉法人で制服バンクをつくって、本当に必要な人にお渡しするというプロジェクトで、児童福祉施設が中心になって立ち上げようかと考えているところです。

高齢者、障害者、児童福祉に関わる専門職がそれぞれの視点から制度の狭間を見つけ出してきます。そこで一緒になって共同体として支えていけたらと思って活動をしているところです。

香取：ありがとうございました。連携・協働すると、相当いろいろな取り組みができるということがよくわかりました。

それでは、大津市社会福祉協議会事務局次長の山口さん、お願いします。

3. 大津市社会福祉協議会の実践

山口：大津市は人口34万人、世帯数14万世帯、高齢化率は約25％です。歴史と文化が根付く滋賀の中核都市です。

大津市社会福祉協議会は、総務課、地域福祉課、権利擁護支援課、自立支援課、相談室という4つの課と1つの室で成り立っています。介護保険事業を行っていませんが、行政と地域包括支援センターへ11人の社会福祉士を派遣しています。合計61人の職員で地域福祉を担っています。

特徴的なのは、小学校区全36学区に学区の社協があり、私たちの活動の基盤になっ

大津市社会福祉協議会　事務局次長
山口　浩次　氏

ていることです。また、第一線の地域福祉の担い手である民生委員・児童委員が654人いらっしゃって、私たちにとってはとても大切な存在です。

大津市社協では約100の事業を展開しており、職員を少しずつ増やして総合力をつけてきました。

大津市社協の特徴は、課を超えたプロジェクト方式でいろいろな取り組みに挑んでいることです。現在は、社会的孤立プロジェクトに取り組んでいます。気になっているけれどもなかなか関われない人に向けた「気になるシート」を民生委員・児童委員につくってもらい、コミュニティソーシャルワーカーが民生委員・児童委員と相談しながらサポートに入るということを実験的に行っています。

ネットワークの構築により大津市の地域福祉を担う

大津市社協では基盤組織とのネットワーク、例えば学区社協やブロックごとの連絡会、民生委員・児童委員との連携を大事にしています。

そのネットワークを基盤にしながら、多機関とのネットワークをすすめてきました。市内の相談機関の連絡会を2か月に1回、26年間実施しており、現在も実施しています。権利擁護支援のネットワークとして、法人後見ができる法人を一緒につくっており、20年間活動を継続しています。依存症当事者団体の支援（アディクションフォーラム in 滋賀）は16年間実施しています。

高齢者の見守りは、20の事業所と一緒に9年連続で実施しています。行政や議会に対するプレゼンテーションの機会や、懇談会を毎年設けていて、市と社協の心の距離を縮める取り組みをしています。子どもを支える取り組みは、学区社協と福祉施設が連携しながら、7年間継続しています。「電車と青春21文字メッセージ」という観光と文化と福祉をつなぐ取り組みもしています。

大津市ではすべての法人、150の社会福祉施設に社会福祉施設連絡会に入ってもらって、連携をしています。最近、私が興味をもっているのは人と動物の福祉を考える会議です。人と動物の幸せを願って多頭飼育問題等に取り組んでいます。

また社協内のネットワークとしては、常設型災害ボランティアセンターを設置するなど、私たちは大津市の地域福祉の事務局を担うという覚悟で、この間取り組んできました。

生活困窮者への丁寧な支援・情報提供が必要

次に、コロナの生活福祉資金特例貸付から見えた生活困窮者の状況と今後の支援のあり方について報告します。大津市社協では、特例貸付の申請をした3,816人すべてに電話による聞き取りと支援制度の情報提供を行いました。そこでわかってきたことは、貸し付け終了後も無職の人が約2割、特例貸付以前から債務や滞納があった人が約4割強で、子育て世帯が多いことです。被雇用者や自営業者の把握も行いましたが、こうした人びとの支援は今後の課題です。

まずはアウトリーチということで、訪問による支援を行いました。特例貸付終了後、

無職の人、多重債務を抱えている人955人に大津市と大津市社協が協働して作成した
パンフレット「生きづらさを感じている方へ」（生活保護制度の解説、保健予防課、
社会福祉協議会の相談方法を紹介）を送付し、フォローの電話をして、就労支援や家
計相談、法律相談につなげています。

　また、「コロナ困りごとプロジェクト」として、子育て世帯を中心に無料で選べる
カタログギフトを配ったり、教育支援資金制度の案内をしたりしています。カタログ
ギフト等の財源は大津市内の企業からの約800万円の寄付金です。

関西社協コミュニティワーカー協会調査から

　次に関西社協コミュニティワーカー協会の調査です。特例貸付が始まった時に、情
報交換が必要ではないかということで、電話やSNSを使った関西の特例貸付担当の
管理職を中心とした情報交換が始まりました。そこでわかってきたのは、特例貸付の
窓口を担当している職員が疲弊していたことです。大津市社協では３人の職員が特例
貸付の窓口業務による疲弊を理由に退職しましたが、他の社協の職員たちも疲れてい
ることがわかってきました。全国の現場はどうなっているのかという思いから、関西
社協コミュニティワーカーが主宰してSNSでアンケートを取り、全国すべての都道
府県の社協職員から幅広く1,184人の回答を得ました。

　結果として、86％の職員がストレスを抱えていること、２割の社協で体調不良を起
こした職員がいたことがわかりました。詳しくは、ぜひこの報告書をインターネット
で検索してご覧ください。

　関西社協コミュニティワーカー協会では、このアンケート調査をもとに、8つの提
言をまとめました。

---

①「自助」の名のもとに公的責任を後退させないでください
②すべての困窮する人に支援が届く生活困窮者支援金制度の拡充を
③入りやすく出やすい生活保護の弾力的運用を
④包括的で継続的な支援ができる生活困窮者自立支援制度を
⑤「相談支援付き貸付制度」として生活福祉資金貸付の体制強化を
⑥現場の声に向き合い実態を反映させる政策と運用を
⑦社会福祉の相談援助職の処遇を適正化
⑧貸付現場と協働した制度検証とそれに基づく改善を

　2022年9月末で特例貸付が終了しましたが、住民からの生活再建の相談はますます
増えています。コロナに感染した人、今までがんばってきたけどもう限界という人、
借り終えた人からの相談です。コロナ禍とこの不況で生活再建はすすんでいないし、
自己破産する人がいることを危惧していますし、実際に増えてきています。

　社協はコロナ禍で簡単に貸し付けをしてくれた窓口だと思っている人がたくさんい

ますので、社協は相談付きの貸付窓口であるということ、住民主体の活動を行っているという説明をしてきていますが、全国的に社協の正しい宣伝をする必要があると痛感しています。全社協や都道県社協、マスコミを通じた「社協というのは総合的に相談にのることができるところだ」という宣伝が必要だと考えています。

また厚生労働省は、「今後は特例貸付ではない生活福祉資金の活用を」と言っていますが、現場はこのままではもちません。生活保護を受給しやすい仕組みづくりが必要ではないでしょうか。医療扶助のみで受けることができるのと同じように、生活扶助、教育扶助、住宅扶助など、単給で受けられるようにならないものかと考えています。

今、償還免除の手続きがすすんでいない現状があります。借受人全体の３割強から償還免除の申請が届きましたが、７割の人からは何の書類も届いていません。

私は現在、国がすすめる償還免除の仕組みの見直しが必要ではないかと考えています。例えば現在も失業中とか、病気を抱えているとか、子育てや介護で困っているとか、そういう世帯に対する免除の拡大をしていかないと、ますます困る人が増えるのではないかと思っています。

今後は生活相談、償還の厳しい世帯への法律相談、家計相談のコーディネート等が社協には求められます。弁護士会や司法書士会等との連携が不可欠だと感じているところです。

生活相談に対応する多機関連携のチームが必要

最後に貸付担当と生活困窮担当、生活保護担当のチーム形成ができないかという提案です。各自治体で今、生活相談にのる多機関連携チームが必要ではないでしょうか。

相談の出口としては、貸し付けや生活困窮者支援、生活保護等の組み合わせが考えられますし、就労支援も必要になってきます。高齢者の分野では、認知症初期支援チームがあるように、生活困窮の場でも生活相談初期支援チームのような専門職チームが必要ではないかと考えています。重層的支援体制整備事業を機能させることも含めて、現場の社協で抱えている問題を社会福祉法人や、地域福祉に取り組んでいる人と一緒に分かち合って、これからどうするのかということを考える、とても重要な時期に来ていると考えています。

4. 意見交換

香取：ありがとうございました。

参加者から大牟田の馬場さんへの質問が１つ届いています。「地域公益活動協議会では具体的な物を配ったりする事業等を実施されていますが、このファイナンスはどのようにやっているのですか」という質問

上智大学　教授　香取　照幸　氏

です。

馬場：先ほど、地域公益活動協議会に加盟する法人の常勤職員数が合わせると1,500人いるという話をしました。会費として、常勤職員数×1,000円の負担をいただいています。

香取：ありがとうございます。財源についてはわかりました。事業を動かす「人」については、手弁当でされているということですね。

　事業を実施している社会福祉法人だと、そんなに余力はないにしても事業のなかでそれなりに財源の確保ができますが、社協の場合はどこから財源を確保するのか考えなければいけません。山口さんのお話のなかでも、活動をするのに企業から寄付をもらったという話がありました。社協がいろいろな活動をしていく時に、自分で財源を持っていないとすると、それをどうするかという問題は常にあると思います。

　ちなみに、大津市社協ではどのようにされていますか。

山口：寄付はただお願いするだけでは集まりませんので、現場の状況を伝えるということを積極的に行いました。特例貸付の現状は30回以上、いろいろな場面で報告会を設け、企業などに今こうなっているということを伝えるということを心がけてきたところ、寄付が集まりました。現場のことを伝える、ここに我われの強みがあるのではないかと思います。

香取：続いて大牟田市の馬場さんに、「地域公益活動協議会の立ち上げまでの経緯をお話ししていただきたい」という質問が届いています。社協とそれぞれの地区の社会福祉法人の関係は普段は会員として入っているわけですけれども、具体的にこういう事業を立ち上げようと思った時に、一歩踏み込んだ関係をつくっていかないといけないと思います。社協と社会福祉法人がどうやってコラボしていくかという意味でのご質問なのだと思います。

馬場：まず大牟田市にそもそも土台があったということがあります。大牟田市では、認知症のSOS徘徊模擬訓練を行っていました。そういう経緯もあり、高齢者施設の連携、顔の見える関係づくりはできていました。

　また、障害者施設関係では、NPO法人大牟田市障害者協議会が立ち上がっていました。その立ち上げに社協が加わって、一時的に障害者協議会の事務所を社協の総合福祉センターの中に置いていたことがあります。

　さらに、社会福祉法人制度改革があり、社会福祉法人は地域における公益的な取り組みが努力義務とされましたが、社会福祉法人からは、地域における公益的な取り組みや地域貢献をどのようにやっていいのかわからないという相談も受けていました。

　もうひとつの特徴としては、理事長クラスの会議は年に1回か2回しか行いませんが、実際に動かすために運営委員会をつくりました。運営委員は40代くらいのミドルエイジの人たちで、施設の中でも動きやすい人たちで組織しています。先ほど話した貸し付けや食糧支援等は、運営委員長の判断で動かせるようにしています。「きょう、

電気が止められる」とか、「食べ物がない」などといった緊急の相談には、素早く決裁をとれるようにLINEで行っています。

香取：ありがとうございます。今、ミドルエイジというお話がありましたけれども、もう少し若い人も含めて、そういう人たちのやる気を出すようなことを行うと回り始めます。そういう取り組みをひとつずつ積み重ねていって、うまくいっているものが伸びていったということになるのではないかと思うのです。

　続いて、ライフの学校の田中理事長への質問です。どこの社会福祉の現場もそうだと思いますが、「人材を確保していくうえでどういう工夫をされていますか」という質問が来ています。社会福祉法人の現場は忙しいので、どういうふうにマネジメントしているかという質問です。お願いします。

田中：厚生労働省の「地域共生社会に向けた包括的支援と多様な参加・協働の推進に関する検討会（地域共生社会推進検討会）」最終とりまとめの報告書にある資料をご覧ください。図の左側は、個別支援・相談支援から見た地域づくりのまなざしで、右側は福祉にそんなに携わっていないけれども、地域とか、まちづくりとか地域創生か

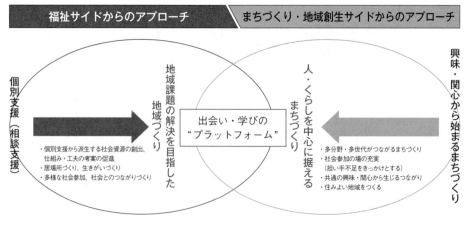

多様な主体による地域活動の展開における出会い・学びのプラットフォーム

■ 地域の実践をみると、「自らの地域で活躍したい」や「地域を元気にしたい」といった自己実現や地域活性化に向けた願いのもと始まったまちづくり活動が、地域の様々な主体との交わりを深め、学ぶ中で、福祉（他者の幸せ）へのまなざしを得ていくダイナミズムがみえてきた。

■ そして福祉分野の個別支援をきっかけとする地域づくりの実践に関しては、個人を地域につなげるための地域づくりから、地域における課題へ一般化し、地域住民を中心とした地域づくりに開いていくことで持続性を得ていく過程が見られている。

■ 一見質の異なる活動同士も、活動が変化する中で"個人"や"くらし"が関心の中心となった時に、活動同士が出会い、お互いから学び、多様な化学反応を起こす。そこから生まれた新たな活動が地域の新たな個性となり、地方創生につながることもある。

■ このような化学反応はさまざまな実践においてみられており、今後の政策の視点として、地域において多様な主体が出会い学びあう「プラットフォーム」をいかに作り出すか、という検討を行っていくことが求められている。

福祉サイドからのアプローチ　　まちづくり・地域創生サイドからのアプローチ

個別支援（相談支援）

地域課題の解決を目指した地域づくり

・個別支援から派生する社会資源の創出、仕組み・工夫の考案の促進
・居場所づくり、生きがいづくり
・多様な社会参加、社会とのつながりづくり

出会い・学びの"プラットフォーム"

人・くらしを中心に据えるまちづくり

・多分野・多世代がつながるまちづくり
・社会参加の場の充実（担い手不足をきっかけとする）
・共通の興味・関心から生じるつながり
・住みよい地域をつくる

興味・関心から始まるまちづくり

出典：厚生労働省資料

らのアプローチに興味があるという整理です。左側の「個別支援」という、従来の高齢・障害・保育の専門性に特化した人材は、今後枯渇していくと私は考えています。一方で専門性は必要でありながらも、右側の層と協働することが必要だとも考えています。

今まで、我われは現場の図の左側のところで活動してきましたが、右側の部分の人たちとどう出会うかということが、まさにライフの学校のコンセプトです。週末のライフイベントをやって、「認知症の人でも普通にお茶をしている」など、そういったきっかけと風景をつくり発信して見せることが大切だと思います。

もうひとつが運営企画室です。サポートセンターのなかに運営企画室をつくっており、ひきこもりや刑余者への対応、居住支援事業などに取り組んでいます。コミュニティマネジャーを独自に置いていて、アウトリーチできるよう社会福祉士を配置しているのですが、それ以外は各事業所、各課からやりたい人が手上げ方式でやることにしています。月に1回会議をして、さまざまな状況を共有したりアイデアを出し合ったりしています。部署横断のものをひとつの法人でできなければいけないと思っています。ひとつの法人のなかでできないことは、おそらく地域でも国でもできないだろうと思っているので、まずは法人の中の垣根をなくすという意味で、運営企画室は手上げ方式にしています。それぞれが自分の担当する仕事を行ったうえでこういう活動をするので、大変です。しかし職員にアンケートで聞くと、ずっと現場にいると視野が狭くなってしまうけれども、運営企画室でいろいろな部署、いろいろな事業所の人からの意見を聞いたり、一緒にイベントを企画、運営していくのがとても勉強になっているとのことです。そういったものを発信して、学生、学校、教育関係などにライフの学校の取り組みを知ってもらっています。

ライフの学校は中期計画を3年ごとに区切って、「vision2023」「Collective Impact」というものを掲げています。要はいろいろな団体と多職種連携することが大切だということで、地域の民生委員・児童委員や社協、学校、教育委員会など、地域の中で部署を超えた連携はまだまだ少ないので、今後の肝になると思います。種別を超えた連携だけでなく、教育や株式会社、NPOなど、さまざまな人・団体等と連携し、地域を面で支えるような仕組みを、社協や社会福祉法人など、リーダーシップを取れるところがどんどん行うべきなのだろうと思っています。

香取：ありがとうございます。いろいろなアクションを起こして横につなぎ連携をしていくということと、それを通じて協働し、参加を求めるというかたちで活動を拡大していく。そのことが仕事の魅力や職員の可能性を引き出すことになって、人も集まってくる。そういう好循環をどうやってつくっていくかということが大切なのだと思います。

馬場：先ほどの話の中で、社会的孤立、生きづらさを抱えている人たちも困窮者なのであるという認識をいただきました。

特に地域公益活動協議会には、いわゆる「人、もの、金」に加えて、高齢者、障害者、児童のそれぞれの専門職がいます。そのスキルを共有して制度の狭間にいる人びとの課題解決に向けて、いろいろなアドバイスを受けながら支援しようとしています。

　今後もそれぞれの専門職がそれぞれの視点で、制度の狭間にあるニーズに対し、それぞれの強みを生かしながらやっていくということが今後の地域公益活動協議会の活動のビジョンであると思っているところです。

香取：ありがとうございます。では、山口さんお願いします。

山口：生活困窮者を支援対象化するのではなく、柔軟な発想をもちまちづくりの視点で取り組めないかということを考えています。

　例えば、弁護士と司法書士との個別生活相談、ひきこもり・生活困窮者の居場所づくり、ひきこもり当事者主体の居場所づくり、生活支援物資の住民への呼び掛けなど。これらは、大津市社協ですべて実験的に実施しているものばかりです。おそらく各地で生活困窮者を個別支援で対応するという発想はあると思うのですが、まちづくりの視点で対応をするということが、今後に向けて重要ではないかと考えています。

　次に、社協組織のマネジメントです。特例貸付が始まった2020年3月末、大津市社協では2人体制で貸し付けを実施していましたが、職員たちの訴えがあり、翌週からBCP（事業継続計画）を発動し、貸付担当を30人体制にして乗り切りました。特例貸付が終了してからが本当の意味でのソーシャルワーク機能が求められると思います。生活困窮者自立支援事業を受託していない社協でも、今こそ相談体制の充実が求められていると考えています。そういう意味では、社協組織にマネジメントの風土をつくることが大切です。

　さらに、ソーシャルワークの風土を社協につくることです。大津市社協では、「聴くが効く」「困ったときは、まあええか」「みんな一緒にぼちぼちいこか」というキーワードを大切にしながら、一人ひとりに真剣に関わることを大切にしています。社協ならではの相談の風土をつくり、ソーシャルワークの風土を高めることをめざしています。

　最後にソーシャルワーカー育成のための私の提案なのですが、それぞれの職場でソーシャルワーカーの育成をしていますが、ソーシャルワーカーは自組織だけでは育たないのではないかという気がしています。これからは、社会福祉士会や弁護士会など、組織を超えたソーシャルワーカー育成の自主的な研修会が必要なのではないでしょうか。

香取：ありがとうございました。

　今、山口さんのお話の中で、ソーシャルワークはソーシャルワーカーの中で勉強していても育たないとありましたが、それはほかの職種すべてに言えることなのだろうと思います。本日のテーマですが、複雑・多様化している社会において、自分の専門性だけではなく、自分自身もウイングを広げる、いろいろな職種、組織、コミュニティ

とつながることで解決していくという視点をもつということがとても大事だと思います。

　福祉は措置制度の中で動いてきたので、どうしても受け身で、受託事業をこなすということを中心に考えることになるのですが、それだと社協や社会福祉法人の運営、経営という意味でももたなくなっていくので、今後はさまざまなことを実践していかなければいけません。本日はそれを実践している方がたにご報告いただきました。「すごい、自分のところではできない」という印象もあるかもしれませんが、報告の中に自分たちができるところ、あるいは取っかかりになるものがあったかもしれません。そういうものを少しずつ消化していただいて、今後のそれぞれの社会福祉法人や社協の取り組みに生かしていただければと思います。

第 ② 章

政策トレンド 2022

① 社会保障全般、財政・税制

- 2021年11月、全世代対応型の持続可能な社会保障制度を構築する観点から、社会保障全般の総合的な検討を行うため、全世代型社会保障構築会議（座長：清家篤　日本赤十字社社長／慶應義塾学事顧問）が、全世代型社会保障改革担当大臣の下に開催された。あわせて会議の下に、医療・介護・保育・障害福祉等における公的価格のあり方を検討するため、公的価格評価検討委員会が設置された。

- 同年12月24日、閣議決定によって内閣総理大臣を本部長とする全世代型社会保障構築本部が設置され、2022年1月にあらためて本部の決定によって全世代型社会保障構築会議および公的価格評価検討委員会の設置が行われた。

- 2021年12月21日、公的価格評価検討委員会における検討をふまえ、「公的価格検討委員会中間整理」が取りまとめられた。
  ⇒医療や介護、保育・幼児教育などの分野における費用の見える化や、業務の負担軽減や生産性の向上を目的としたデジタル等の活用に向けた課題等について検討し、2022年夏までに方向性を整理することが示された。

- 2022年5月17日の第5回全世代型社会保障構築会議において「議論の中間整理」をとりまとめ、同日に開催された第2回本部に報告を行い、了承された。

- 6月7日、第8回経済財政諮問会議・第9回新しい資本主義実現会議の合同会議が開催され、「経済財政運営と改革の基本方針2022（骨太方針2022）」がとりまとめられた。

◉ 8月30日、公的価格評価検討委員会において「『費用の見える化』及び『デジタル等の活用』の方向性」が示され、委員会での意見をふまえ具体的な整理・分析を進めることとされた。

◉ 10月28日に、政府は「物価高克服・経済再生実現のための総合経済対策」を閣議決定した。
⇒コロナ禍やロシアのウクライナ侵攻を背景とした厳しい経済環境のなか、国民生活や事業活動をしっかりと支え、難局を乗り越えるとともに、未来に向けて日本経済を持続可能で一段高い経済成長経路に乗せるために、「物価高・円安への対応」「構造的な賃上げ」「成長のための投資と改革」を重点分野とした総合対策が必要とした。

◉ 計12回に渡る全世代型社会保障構築会議での議論をとりまとめ、本部の了承を経て12月16日に「全世代型社会保障構築会議報告書〜全世代で支え合い、人口減少・超高齢社会の課題を克服する〜」が公表された。
⇒全世代型社会保障の基本的考え方について「目指すべき社会の将来方向」「基本理念」を示すとともに、主なテーマとして検討を行ってきた「こども・子育て支援の充実」「働き方に中立的な社会保障制度等の構築」「医療・介護制度の改革」と「『地域共生社会』の実現」の各分野について、基本的方向、取り組むべき課題、今後の改革の工程が示された。

〈参考資料〉
◆ 全世代型社会保障構築会議報告書（概要）
◆ 物価高克服・経済再生実現のための総合経済対策（概要）

全世代型社会保障構築会議　報告書とりまとめ

◆ 12月16日、「全世代型社会保障構築会議報告書〜全世代で支え合い、人口減少・超高齢社会の課題を克服する〜」がとりまとめられた。

◆ 本報告書は、全世代対応型の持続可能な社会保障制度を構築する観点から、社会保障全般の総合的な検討を行うために2022年11月全世代型社会保障構築会議（座長：清家篤　日本赤十字社社長／慶應義塾学事顧問）が設置され、計12回の会議での議論をとりまとめたもの。

◆ 基本的考え方について「目指すべき社会の将来方向」「基本理念」を示すとともに、主なテーマとして検討を行ってきた「こども・子育て支援の充実」「働き方に中立的な社会保障制度等の構築」「医療・介護制度の改革」と「『地域共生社会』の実現」の各分野について、基本的方向、取り組むべき課題、今後の改革の工程を示した。

◆ 基本理念として「『将来世代』の安心を保障する」「能力に応じて、全世代が支え合う」「個人の幸福とともに、社会全体を幸福にする」「制度を支える人材やサービス提供体制を重視する」「社会保障のＤＸ（デジタルトランスフォーメーション）に積極的に取り組む」の5点を挙げている。

◆ 少子化を「国の存続に関わる問題」とし、「子育て・若者世代への支援を急速かつ強力に整備する」ことを求めている。

◆ こども・子育て支援の取り組むべき課題として、妊娠時から寄り添う「伴走型相談支援」と経済的支援の充実（0〜2歳児の支援拡充）、出産育児一時金を令和5年4月から50万円に引き上げること、また時短勤務を選択しやすくする給付の創設、育児休業給付の対象外となっている自営業者・フリーランス等の育児期間中の給付創設の検討等を求めている。また、児童手当の拡充などについて、恒久的な財源とあわせて検討を求めた。

◆ 2023年度の「経済財政運営と改革の基本方針（骨太の方針）」において、「将来的にこども予算の倍増を目指していく上での当面の道筋を示していくことが必要」としたが、財源の具体策は示されなかった。

◆ 介護保険制度については、社会保障審議会介護保険部会等で指摘されている課題（保険料負担や利用者負担の在り方など）は、2023年度の「経済財政運営と改革の基本方針（骨太の方針）」に向けて検討を進めるべきとし、結論が持ち越された。

◆ 『地域共生社会』の実現については、取り組むべき課題に「一人ひとりに寄り添う支援とつながりの創出」「住まいの確保」をあげ、住まいの確保に関しては、住まいに課題を抱える者は、複合的な課題を抱えている場合が多いことから、住居の提供だけではなく、地域とつながる居住環境や見守り・相談支援の提供を行う「ソフト面での支援強化」を求めた。

公的価格検討委員会（第4〜7回）

◆ 第4回（3月15日）公的価格評価検討委員会が開催され、「費用の見える化やデジタル

活用に向けた検討の視点」について協議が行われた。「費用の見える化」では人件費以外の費用や積立金の分析、人件費の職種間の配分状況等が論点としてあげられた。また、「デジタル活用」では、デジタル・ICT機器等の活用による質の向上と業務省力化・人員配置の効率化を論点としてあげられた。

◆ 第5回（8月30日）委員会では、「『費用の見える化』及び『デジタル等の活用』の方向性」が示され、委員会での意見をふまえ具体的な整理・分析を進めることとされた。

◆ 第6回（11月22日）、第7回（12月2日）の公的価格評価委員会では、医療、介護、保育・幼児教育分野での対応と、費用の継続的な見える化について検討が行われた。

◆ 医療、介護、保育・幼児教育分野での対応について、分野ごとに実施された実態調査を基に(1)人件費以外の費用の分析、(2)人件費の職種間の配分状況、(3)収入・支出の関係等が報告され、協議が行われた。費用の継続的な見える化について、基本的な考え方と今後の取組について案が示された。

物価高克服・経済再生実現のための総合経済対策　閣議決定

◆ 政府は、10月28日に「物価高克服・経済再生実現のための総合経済対策」を閣議決定した。同対策では、コロナ禍やロシアのウクライナ侵攻を背景とした厳しい経済環境の中、国民生活や事業活動をしっかりと支え、難局を乗り越えるとともに、未来に向けて日本経済を持続可能で一段高い経済成長経路に乗せるために、「物価高・円安への対応」「構造的な賃上げ」「成長のための投資と改革」を重点分野とした総合対策が必要としている。

◆ そのため、「Ⅰ. 物価高騰・賃上げへの取組」「Ⅱ. 円安を活かした地域の『稼ぐ力』の回復・強化」「Ⅲ. 『新しい資本主義』の加速」「Ⅳ. 国民の安全・安心の確保」の4つを柱とした総合的な経済対策として本対策を整理した。

◆ 本対策において、「少子化対策、こども・子育て世代への支援」については、「『新しい資本主義』の加速」において、妊娠時から出産・子育てまで一貫した伴走型相談支援と経済的支援援（妊娠届出時・出生届出時を通じて計10万円相当）を一体として実施する事業の創設、継続的な実施、出産育児一時金大幅増額（令和5年度当初予算）、こども食堂等こどもの居場所、食への支援を挙げている。

◆ また、「孤独・孤立、就職氷河期世代など困難に直面する方々への支援」については、同じく「『新しい資本主義』の加速」において、相談体制強化に向けた取組や地域における連携体制の構築を進めつつ、孤独・孤立に陥る危険性の高い生活困窮者やひきこもり状態にある者等への支援や自殺防止対策に取り組む民間団体を支援するとしている。

◆ 「国民の安全・安心の確保」では、生活困窮者への支援として、緊急小口貸金等の特例貸付の借受人等にプッシュ型支援や柔軟な相談支援等を行う体制強化、住居確保給付金の特例の延長を行うことや、送迎用バスの安全装置改修等への支援等を内容とする「こどもの安心・安全対策支援パッケージ」の推進により、こどもの安全・安心を確保するとともに、国民が日々安全・安心に暮らせるための施策を推進するとされた。

経済財政運営と改革の基本方針2022（骨太方針2022）の閣議決定

◆ 2022年6月7日、第8回経済財政諮問会議・第9回新しい資本主義実現会議の合同会議が開催され、「経済財政運営と改革の基本方針2022（骨太方針2022）」がとりまとめられ、同日、閣議決定された。

◆ 「経済財政運営と改革の基本方針2022」は、第1章「我が国を取り巻く環境変化と日本経済」、第2章「新しい資本主義に向けた改革」、第3章「内外の環境変化への対応」、第4章「中長期の経済財政運営」、第5章「当面の経済財政運営と令和5年度予算編成に向けた考え方」の5章から構成されている。

◆ 基本方針では、緊迫する国際情勢をふまえ、マクロ経済運営については2段階で対応を行うとし、第1段階ではウクライナ情勢に伴う原油・原材料、穀物などの高騰に対する緊急対策を講じる。第2段階で、総合的な方策を具体化し、「成長と分配の好循環」を早期に実現するとした。感染拡大防止と経済社会活動のバランスを取りながら、水際対策の緩和を進めるとしている。

◆ 新しい資本主義に向けた改革として、「新しい資本主義に向けた重点投資分野」「社会課題の解決に向けた取組」の2つの柱を置いている。

◆ 「新しい資本主義に向けた重点投資分野」では「人への投資と分配」「科学技術・イノベーションへの投資」「スタートアップ（新規創業）への投資」「グリーントランスフォーメーション（GX）への投資」「デジタルトランスフォーメーション（DX）への投資」の5点、「社会課題の解決に向けた取組」では、「民間による社会的価値の創造」「包摂社会の実現」「多極化・地域活性化の推進」「経済安全保障の徹底」の4点をあげている。

全世代型社会保障構築会議報告書（概要）

全世代型社会保障の基本的考え方

１．目指すべき社会の将来方向

①「少子化・人口減少」の流れを変える

・少子化・人口減少の進行は、経済活動における供給（生産）及び需要（消費）の縮小、社会保障機能の低下をもたらし、経済社会を「縮小スパイラル」に突入させる、国の存続そのものにかかわる問題

・こどもを生み育てたいという個人の希望を叶えることは、個人の幸福追求の支援のみならず、少子化・人口減少の流れを大きく変え、経済と社会保障の持続可能性を高め、「成長と分配の好循環」を実現する上で社会全体にも大きな福音

→　最も緊急を要する取組は、「未来への投資」として、子育て・若者世代への支援を急速かつ強力に整備すること。子育て費用を社会全体で分かち合い、こどもを生み育てたいと希望する全ての人が、安心して子育てができる環境の整備が急務

② これからも続く「超高齢社会」に備える

・働き方に中立的な社会保障制度を構築し、女性や高齢者を含め、経済社会の支え手となる労働力を確保する

・社会保障を能力に応じて皆で支える仕組みを構築し、医療・介護・福祉等のニーズの変化に的確に対応する

③「地域の支え合い」を強める

・独居者の増加、就職氷河期世代の高齢化、孤独・孤立の深刻化等を見据え、人々が地域社会との中で安心して生活できる社会の構築が必要

２．全世代型社会保障の基本理念

①「将来世代」の安心を保障する	②能力に応じて、全世代が支え合う	③個人の幸福とともに、社会全体を幸福にする	④制度を支える人材やサービス提供体制を重視する	⑤社会保障のDXに積極的に取り組む
「全世代」は、これから生まれる「将来世代」も含む。彼らの安心のためにも、負担を先送りせず、同時に、給付の不断の見直しが必要。	年齢に関わらず、全ての国民が、能力に応じて負担し、支え合うことで人生のステージに応じ、必要な保障の提供を目指す。	社会保障は、リスク等に社会全体で備え、個人の幸福増進を図るとともに、健康寿命の延伸等により社会全体も幸福にする。	人材確保・育成や働き方改革、処遇改善、生産性向上、業務効率化に加え、医療・介護ニーズ等を踏まえたサービス提供体制の構築が必要。	社会保障給付事務の効率化、新サービスの創造等のため、社会保障全体におけるデジタル技術の積極的な活用を図ることが重要。

３．全世代型社会保障の構築に向けての取組

○ 時間軸の視点

　2040年頃までを視野に入れつつ、足元の短期的課題とともに、当面の2025年や2030年を目指した中長期的な課題について、「時間軸」を持って取組を進めていくことが重要。（「今後の改革の工程」を提示。）

○ 地域軸の視点

　社会保障ニーズや活用可能資源の地域的差異を考慮し、地域に応じた解決の手法や仕組みを考案することが重要。

1．こども・子育て支援の充実

（1）基本的方向

○これまで、保育の受け皿整備や幼児教育・保育の無償化などに取り組み、大きな成果も見られるが、少子化の流れを変えるには至っておらず、少子化の危機的な状況から脱却するための更なる対策が必要

○今後、こども家庭庁の下で「こども大綱」を策定する中で、特に、現行制度で手薄な０～２歳児へのきめ細やかな支援が重要との認識の下、「未来への投資」として、社会全体でこども・子育てを支援する観点から、妊娠・出産・子育てを通じた切れ目ない包括的支援を早期に構築すべき

○恒久的な施策には恒久的な財源が必要であり、「骨太の方針2022」の方針に沿って、全ての世代でこどもや、子育て・若者世代を支えるという視点から、支援策の更なる具体化とあわせて検討すべき

○まずは（２）に掲げる支援策の具体化に取り組み、これも含め、こどもの視点に立って、必要なこども政策が何か、体系的にとりまとめることが重要であり、来年度の「骨太の方針」において、将来的にこども予算の倍増を目指していく上での当面の道筋を示していく必要

○０～２歳児に焦点を当てた支援の早期構築後には、幅広い年齢層の子育て世帯に対する経済的支援の充実を検討する必要

（2）取り組むべき課題

① 全ての妊産婦・子育て世帯支援

・妊娠時から寄り添う「伴走型相談支援」と経済的支援の充実（０～２歳児の支援拡充）☆★
・全ての希望者が、産前・産後ケアや一時預かりなどを利用できる環境の整備　★
・出産育児一時金の引上げ（42万円→50万円）と出産費用の見える化（後期高齢者医療制度が費用の一部を支援する仕組みの導入を含む）☆
・不妊治療等に関する支援　★

② 仕事と子育ての両立支援（「仕事か、子育てか」の二者択一を迫られている状況の是正）

・育児休業後において切れ目なく保育を利用でき、また、円滑に職場復帰できるよう、予め保育の枠を確保できる入所予約システムの構築　★
・子育て期の長時間労働の是正、柔軟な働き方の促進　★
・育児休業取得の一層の促進と時短勤務を選択する際の給付の創設　★
・非正規雇用労働者の処遇改善、雇用のセーフティネットや育児休業給付の対象外となっている短時間労働者への更なる支援
・自営業者やフリーランス・ギグワーカー等の育児休業給付の対象外である方々への育児期間中の給付の創設　★

（3）今後の改革の工程

① 足元の課題

・（２）☆の項目

② 来年、早急に具体化を進めるべき項目

・（２）★の項目
・「骨太の方針2022」にもあるように、こども・子育て支援の充実を支える安定的な財源について、企業を含め社会全体で連帯し、公平な立場で、広く負担し、支える仕組みの検討
・０～２歳児に焦点を当てた切れ目のない包括的支援の早期構築後の課題として、児童手当の拡充など幅広い年齢層の子育て世帯に対する経済的支援の充実について恒久的な財源とあわせて検討

2．働き方に中立的な社会保障制度等の構築

（1）基本的方向

○国民の価値観やライフスタイル、働き方の多様化が進む中、格差の固定化や貧困の防止を図り、社会の分断を防ぐ観点からも、どのような働き方をしても、セーフティネットが確保され、誰もが安心して希望どおりに働くことができる社会保障制度等の構築が求められている

○少子化対策の観点からも、子育て・若者世代が将来に展望を持ち、生涯未婚率の低下にもつながるよう、労働市場、雇用の在り方について不断の見直しが重要であり、非正規雇用労働者を取り巻く課題の解決や、希望すれば誰もが主体的に成長分野などの企業へ円滑に移動できるような環境整備が必要

（2）取り組むべき課題

① 勤労者皆保険の実現に向けた取組

・短時間労働者への被用者保険の適用に関する企業規模要件の撤廃
・個人事業所の非適用業種の解消
・週所定労働時間20時間未満の短時間労働者への適用拡大
・フリーランス・ギグワーカーについて、被用者性の捉え方などの検討を深め、より幅広い社会保険の在り方を検討する
・被用者保険の適用拡大を進めるにあたってはデジタル技術の活用による環境整備が重要
・女性の就労の制約と指摘される制度等を働き方に中立的なものにしていくことが重要
・被用者保険適用拡大の更なる推進に向けた環境整備・広報の充実

② 労働市場や雇用の在り方の見直し

・非正規雇用労働者を取り巻く課題の解決
（「同一労働同一賃金」の履行確保と効果検証・必要な見直し、有期雇用労働者の「無期転換ルール」の実効性確保、キャリアアップ支援、「多様な正社員」の拡充、取組状況の開示等の企業の取組の促進策）★
・労働移動の円滑化
（リスキリング、キャリアサポート、職業・職場情報の見える化などの継続的な推進及び「労働移動円滑化に向けた指針」の策定、取組状況の開示等の企業の取組の促進策）★

（3）今後の改革の工程
（勤労者皆保険の実現に向けた取組）

○次期年金制度改正に向けて検討・実施すべき項目

・短時間労働者への被用者保険の適用拡大（企業規模要件の撤廃など）
・常時５人以上を使用する個人事業所の非適用業種の解消
・週所定労働時間20時間未満の労働者、常時５人未満を使用する個人事業所への被用者保険の適用拡大
・フリーランス・ギグワーカーの社会保険の適用の在り方の整理

（労働市場や雇用の在り方の見直し）

○速やかに検討・実施すべき事項

・（２）★の項目

3. 医療・介護制度の改革

（1）基本的方向
○超高齢社会への備えを確かなものとするとともに、人口減少に対応していく観点から、医療・介護制度の改革を前に進めることが喫緊の課題。特に、2025年までに75歳以上の後期高齢者の割合が急激に高まることを踏まえ、負担能力に応じて、全ての世代で、増加する医療費を公平に支え合う仕組みを早急に構築する必要がある。
○限りある資源を有効に活用しながら、地域における医療・介護ニーズの増大に的確に対応する。全ての国民が、それぞれの地域において、質の高い医療・介護サービスを必要に応じて受けることのできる体制を確保していく観点から、医療の機能分化と連携の更なる推進、医療・介護人材の確保等に力を注ぐ。

（2）取り組むべき課題
① 医療保険制度
・後期高齢者医療制度の保険料負担の在り方の見直し（後期高齢者の保険料負担と現役世代の支援金について、一人当たりの伸び率が均衡するよう見直し。高齢者の保険料負担については低所得層に配慮しつつ、賦課限度額、所得割率を引上げ）☆
・被用者保険者間の格差是正（健保組合への更なる支援を行いつつ、前期高齢者の財政調整に部分的に「報酬水準に応じた調整」を導入）☆
・引き続き、給付の在り方、給付と負担のバランスを含めた不断の見直し。また、都道府県の役割について検討を深めていく必要。

② 医療提供体制
・サービス提供体制の改革に向けた主な課題（都道府県の責務の明確化等による地域医療構想の推進、医療法人の経営情報のデータベースの構築などの医療法人改革等）
・かかりつけ医機能が発揮される制度整備（今後の高齢者人口の更なる増加と人口減少を見据え、かかりつけ医機能が発揮される制度整備は不可欠であり、早急な実現を目指す。その際には、国民・患者から見て、一人ひとりが受ける医療サービスの質の向上につながるものとする必要がある。）☆

③ 介護
・地域包括ケアシステムの深化・推進
・次の計画期間に向けた改革
　－介護現場の生産性向上と働く環境の改善　★
　－介護保険の持続可能性の確保のため、「骨太の方針2022」等で指摘された課題について来年度の「骨太の方針」に向けて検討　★

④ 医療・介護分野等におけるDXの推進　★
・医療・介護分野の関連データの積極的な利活用の推進
・医療DXの実装化

（3）今後の改革の工程
① 足元の課題
・（2）☆の項目
・医療法人改革の推進、医療介護間での情報連携

② 来年、早急に検討を進めるべき項目
・更なる医療制度改革（かかりつけ医機能の制度整備の実施に向けた具体的な取組、地域医療構想の実現に向けた更なる取組、診療報酬・薬価改定に向けた検討）
・（2）★の項目

③ 2025年度までに取り組むべき項目
・医療保険及び介護保険における負担能力に応じた負担と給付の内容の不断の見直し
・本格的な人口減少期に向けた地域医療構想の見直し、実効性の確保
・地域包括ケアの実現に向けた提供体制の整備と効率化・連携強化

4. 「地域共生社会」の実現

（1）基本的方向
○人口構造及び世帯構成が変化し、家族のつながりや地縁も希薄化する中で、今後更なる増加が見込まれる独居高齢者等を住まいの確保を含め、社会全体でどのように支えていくかが大きな課題
○制度・分野や、「支える側」、「支えられる側」という従来の関係を越えて、人と人、人と社会がつながり、一人ひとりが生きがいや役割を持ち、助け合いながら暮らしていくことのできる包摂的な社会の実現が必要
　→各種社会保障サービスの担い手や幅広い関係者の連携の下、地域全体で、一人ひとりに寄り添い、伴走支援するという視点が重要
○人口急減地域においては、地域社会における支え合い機能が低下し、住民の日常生活の維持に課題が生じる事態も想定
　→住民同士が助け合う「互助」の機能を強化することが重要

（2）取り組むべき課題
① 一人ひとりに寄り添う支援とつながりの創出
・重層的支援体制の整備　☆
・ソーシャルワーカー等の確保・育成　☆
・多様な主体による地域づくりの推進　☆
・孤独・孤立対策の推進　☆
・地域共生社会の実現に向けた社会保障教育の推進　☆

② 住まいの確保
・住まい政策を社会保障の重要な課題と位置づけ、必要な施策を本格的に展開すべき。その際、支援対象のニーズや既存制度の関係の整理も含めて議論を深め、必要な制度的対応を検討すべき。
・ソフト面での支援の強化（住宅の提供と見守り・相談支援の提供をあわせて実施）
・住宅の所有者との関係、空き地・空き家の活用

（3）今後の改革の工程
① 来年度、実施・推進すべき項目
・（2）☆の項目
・「住まい支援システム」の構築に向けたモデル事業の実施を踏まえた実践面での課題の抽出、全国的な普及に向けた具体的な手法の周知・啓発
・上記モデル事業の成果を活用して、住まいに課題を抱える者の属性や量的な把握についての推計及びその精緻化
・生活困窮者自立支援制度、住宅セーフティネット制度などにおける住まい支援を強化

② 制度改正について検討を進めるべき項目
・既存の各制度における住まい支援の強化に向けて、①のモデル事業の結果等を踏まえつつ更なる検討を深め、必要な制度改正を実施

物価高克服・経済再生実現のための総合経済対策（概要）

◆我が国経済は、ウィズコロナの下、社会経済の正常化が進展する一方、原材料価格の上昇や円安の影響等による**エネルギー・食料品等の価格上昇**が国民生活・事業活動に大きな影響を及ぼしている。
また、**世界規模の物価高騰**がみられる中、各国・地域における金融引締めの影響などから**世界的な景気後退懸念**が高まっている。

◆世界経済の減速リスクを十分視野に入れつつ、新しい資本主義の旗印の下、**「物価高・円安への対応」**、**「構造的な賃上げ」**、**「成長のための投資と改革」**を重点分野とし、予算・税制、規制・制度改革などあらゆる政策手段を活用した本総合経済対策を速やかに実行し、**足元の難局を乗り越え、未来に向けて日本経済を持続可能で一段高い成長経路に乗せていき、日本経済を再生する。**

Ⅰ 物価高騰・賃上げへの取組

1．エネルギー・食料品等の価格高騰により厳しい状況にある生活者・事業者への支援
・電力料金の激変緩和事業（家庭に対しては、23年度春初頭にも想定される電気料金の上昇による平均的な引上げ額を実質的に肩代わりする額を支援）
都市ガス料金の激変緩和事業（料金の上昇による負担の増加に対応する額を支援）
燃料油価格の高騰の激変緩和事業（23年1月以降も補助上限を緩やかに調整しつつ実施）
・食品ロス削減、フードバンク・こども宅食に対する支援

> 電気料金、都市ガス料金、燃料油価格の高騰の激変緩和措置により、来年1月以降、来年度前半にかけて標準的な世帯においては総額4万5千円の負担軽減

2．エネルギー・食料品等の危機に強い経済構造への転換
◆ **危機に強いエネルギー供給体制の構築**
・ＬＮＧ安定供給体制強化、省エネ抜本強化（企業の省エネ機器・設備導入支援を3年間で集中支援、住宅リフォーム省エネ支援）、ゼロエミッション電源活用（再エネ・蓄電池導入加速、原発10数基再稼働、次世代革新炉開発・建設について、年末に向け、議論加速）
◆ **危機に強い食料品供給体制の構築**
・肥料（下水汚泥資源・堆肥等活用等）・飼料（稲作農家と畜産農家の連携等）国産化、大豆・小麦等の国内産への切替

3．継続的な賃上げの促進・中小企業支援
◆ **賃上げの促進**
・来春の賃金交渉では、物価上昇をカバーする賃上げを目標
・中堅・中小企業の賃上げ支援大幅拡充（事業再構築補助金、中小企業生産性革命事業等）、同一労働同一賃金遵守徹底
◆ **中小企業等の賃上げ環境整備**
・適切な価格転嫁に向けた整備（公取委等の体制強化、独禁法・下請代金法のより厳正な執行等）
・弾力的かつ複数年度にわたって継続的な事業再構築・生産性向上への挑戦・円滑な事業承継・引継ぎを強力に支援
・信用保証制度において、借換え需要に加え、新たな資金需要にも対応する制度を創設

Ⅱ 円安を活かした地域の「稼ぐ力」の回復・強化

1．コロナ禍からの需要回復、地域活性化
◆ **観光立国の復活**
・インバウンド消費年間5兆円超の速やかな達成に向けた集中パッケージ推進、新たな「観光立国推進基本計画」策定
・観光地・観光産業の再生・高付加価値化、戦略的な訪日プロモーション、コンテンツ海外展開促進、国内観光活性化
◆ **地域活性化**
・エンターテイメントや商店街等の各種イベントへの支援等による需要喚起
・文化芸術活動・こどもの文化芸術鑑賞・体験支援、文化資源の戦略的活用、スポーツ振興
・農業産地・畜産・水産業等の生産基盤の維持・強化、木材産業国際競争力強化対策
・インフラの戦略的・計画的整備、コンパクトでゆとりとにぎわいのあるまちづくり、都市再生、条件不利地域の振興

2．円安を活かした経済構造の強靱化
◆ **海外から我が国が期待される物資の供給力強化と輸出拡大**
・日米共同の次世代半導体技術開発、先端半導体など重要先端技術分野で国際協調による投資拡大、重要物資の国内生産能力強化
◆ **企業の国内投資回帰と対内直接投資拡大**
・サプライチェーンの途絶によるリスクが大きい重要な製品・部素材等の国内生産拠点整備支援、対内直接投資促進
◆ **中小企業等の輸出拡大**
・「新規輸出中小企業1万者支援プログラム」の推進
◆ **農林水産物の輸出拡大**
・2025年2兆円輸出目標の前倒し（専門人材による伴走支援や輸出のための施設整備支援、品目団体による輸出力強化、輸出支援体制確立、農林水産・食品関連スタートアップ支援、品種流出防止等）

Ⅲ 「新しい資本主義」の加速

1. 「人への投資」の抜本強化と成長分野への労働移動：構造的賃上げに向けた一体改革

◆ 人への投資の強化と労働移動の円滑化、多様な働き方などの推進、人的資本に関する企業統治改革
- ・「人への投資」の施策パッケージを5年1兆円へ拡充（企業間・産業間の労働移動の円滑化、在職者のキャリアアップのため訓練から転職まで一気通貫で支援、労働者のリスキリング支援）、労働移動円滑化の指針を来年6月までに策定
- ・若手研究者への支援強化、デジタル推進人材育成230万人拡大、成長分野への大学・高専の学部再編等支援
- ・非財務情報開示の充実、生産性を高める働き方改革、多様で柔軟な働き方を選択できる環境整備、就職氷河期世代支援

◆ 資産所得の倍増
- ・「資産所得倍増プラン」の策定、NISAの抜本的拡充・恒久化の検討やiDeCo制度改革の検討、金融教育の充実

2. 成長分野における大胆な投資の促進

◆ 科学技術・イノベーション
- ・重要技術の育成、国際共同研究強化（量子、AI等）、若手研究者による挑戦的・国際的研究の支援、宇宙・海洋・原子力・核融合の研究開発、地域の中核大学や特色ある大学の強化、2025年大阪・関西万博の円滑な実施

◆ スタートアップの起業加速
- ・5年10倍増を視野に5か年計画策定。立上げ期の人的・ネットワーク面での支援（未踏事業拡大、若手人材の海外派遣、海外における起業家育成拠点創設、1大学1IPO運動、グローバル・スタートアップキャンパス構想具体化等）、成長に向けた資金供給強化と事業展開・出口戦略の多様化（研究開発型スタートアップへの支援、SBIRの拡充等）

◆ GX（グリーン・トランスフォーメーション）
- ・GI基金拡充、革新的GX技術の研究開発促進、アジア・ゼロエミッション共同体構想推進
- ・成長に資する施策は、足元のエネルギー価格高騰への対策の必要性も踏まえつつ、年末までにまとめる「10年ロードマップ」に基づく政府投資の一環として先行実施

◆ DX（デジタル・トランスフォーメーション）
- ・Beyond 5G（6G）研究開発、マイナンバーカード普及促進（健康保険証等と一体化加速等）、中小企業DX、医療・介護DX（オンライン資格確認用途拡大等）、教育DX、デジタル田園都市国家構想推進、日米共同の次世代半導体技術開発

3. 包摂社会の実現

◆ 少子化対策、こども・子育て世代への支援
- ・妊娠時から出産・子育てまで一貫した伴走型相談支援と経済的支援（妊娠届出時・出生届出時を通じて計10万円相当）を一体として実施する事業の創設、継続的な実施、出産育児一時金大幅増額（令和5年度当初予算）、こども食堂等こどもの居場所・食への支援

◆ 女性活躍、孤独・孤立、就職氷河期世代など困難に直面する方々への支援
- ・女性デジタル人材・女性起業家育成、同一労働同一賃金の遵守の徹底、正社員化や待遇改善
- ・孤独・孤立対策の強化、就職氷河期世代支援、障害者支援

Ⅳ 防災・減災、国土強靱化の推進、外交・安全保障環境の変化への対応など、国民の安全・安心の確保応

1. ウィズコロナ下での感染症対応の強化

◆ 保健医療体制の強化・重点化と雇用・暮らしを守る支援
- ・病床確保・宿泊療養施設確保・医療人材確保、PCR検査体制の整備、抗原定性検査キットの確保

◆ ワクチン等による感染拡大防止と次の感染症危機への備え
- ・ワクチン接種体制整備、ワクチン・治療薬の研究開発、国際機関への協力

2. 防災・減災、国土強靱化の推進
- ・次期基本計画検討、5か年加速化対策推進、流域治水推進、線状降水帯・台風等による大雨等予測精度向上

3. 自然災害からの復旧・復興の加速
- ・東日本大震災からの復旧・復興、ALPS処理水放出に伴う持続可能な漁業実現への支援、自然災害からの復旧・復興

4. 外交・安全保障環境の変化への対応

◆ 外交・安全保障
- ・G7広島サミット開催や安保理入りを見据えた機動的で力強い外交の展開、ウクライナ及び周辺国への支援、自衛隊等の変化する安全保障環境への対応、戦略的海上保安体制の強化、総合的な海洋の安全保障の推進

◆ 経済安全保障・食料安全保障
- ・量子、AI等先端的な重要技術育成、重要物資のサプライチェーン強靱化（重要物資の早期指定、物資の特性に応じて生産・供給・備蓄・代替物資の開発等への支援を基金の設置・活用も行いながら実施）、食料安全保障の強化

5. 国民の安全・安心の確保
- ・「こどもの安心・安全対策支援パッケージ」の推進（送迎用バスの安全装置改修支援等）、消費者契約関連法の見直しなど悪質商法等の対策強化、G7広島サミットを見据えた警護・警戒・警備等の強化

Ⅴ 今後への備え：「新型コロナウイルス感染症及び原油価格・物価高騰対策予備費」の増額、「ウクライナ情勢経済緊急対応予備費」（仮称）の創設

本経済対策の規模

	Ⅰ	Ⅱ	Ⅲ	Ⅳ	Ⅴ	合計
財政支出	12.2兆円程度	4.8兆円程度	6.7兆円程度	10.6兆円程度	4.7兆円程度	39.0兆円程度
事業規模	37.5兆円程度	8.9兆円程度	9.8兆円程度	10.7兆円程度	4.7兆円程度	71.6兆円程度

本経済対策の効果

直接的なGDP押上げ効果：
実質GDP換算4.6%程度
物価抑制効果：
消費者物価（総合）1.2%pt程度以上（※）
※電気・ガス料金や燃料油価格等の負担軽減策の効果

テーマ ② 規制改革

政策POINT │ デジタル時代や人口減少等に対応した規制改革

- ● 6月7日、政府は「規制改革実施計画」を閣議決定した。同計画は、経済社会の構造改革を進める上で必要な規制の在り方の改革（情報通信技術の活用その他による手続の簡素化による規制の在り方の改革を含む）を推進することを目的としている
  ⇒基本的考え方では、「『成長と分配の好循環』と『コロナ後の新しい社会の開拓』をコンセプトにした新しい資本主義の実現のためには、規制・制度を不断に見直していくことで、成長と分配の好循環の起爆剤となる『経済成長』を実現することが必要不可欠である」との考えのもと、「規制改革により、『人』への投資を促進するとともに、新たな成長産業を創出し、力強い成長を生み出すための規制改革を推進していく」としている。

- ● 10月13日、第14回規制改革推進会議が開催され、令和5年6月の答申の取りまとめに向け、「スタートアップ・イノベーション」「人への投資」「医療・介護・感染症対策」「地域産業活性化」「共通課題対策」など5つのワーキング・グループが設置された。

- ● 10月20日から規制改革推進会議「医療・介護・感染症対策ワーキング・グループ」が開催され、介護、障害者、保育サービスにおける管理者・施設長における兼務要件（人員配置基準の柔軟化）について協議が行われた。

- ● 12月22日、政府は第15回規制改革推進会議及び第56回国家戦略特別区域諮問会議を合同で開催し、規制改革推進に関する中間答申を取りまとめ、公表した。
  ⇒経済成長の実現をめざした取り組みの年内の主な成果や今後いっそう取り組みを進めるものについて整理している。

〈参考資料〉
◆ 規制改革推進に関する中間答申（概要）

「規制改革実施計画」閣議決定

◆ 6月7日、政府は「規制改革実施計画」を閣議決定した。

◆ 同計画は、経済社会の構造改革を進める上で必要な規制の在り方の改革（情報通信技術の活用その他による手続の簡素化による規制の在り方の改革を含む）を推進することを目的としている。

◆ 同計画の基本的考え方では、「『成長と分配の好循環』と『コロナ後の新しい社会の開拓』をコンセプトにした新しい資本主義の実現のためには、規制・制度を不断に見直していくことで、成長と分配の好循環の起爆剤となる『経済成長』を実現することが必要不可欠である」との考えのもと、「規制改革により、『人』への投資を促進するとともに、新たな成長産業を創出し、力強い成長を生み出すための規制改革を推進していく」としている。

◆ そのため、規制改革を総合的に調査審議する内閣総理大臣の諮問機関である「規制改革推進会議」での「規制改革推進に関する答申」により示された規制改革事項に加え、デジタル臨時行政調査会、再生可能エネルギー等に関する規制等の総点検タスクフォース等における取組及び国家戦略特別区域、規制のサンドボックス制度を活用した取り組みを一体的に取りまとめ、政府全体として強力に規制改革を推進していくこととしている。

◆ 具体的には、分野横断的な取り組みとして、デジタル原則に照らした規制の横断的な見直し、地方の人手不足や「人」の活躍に資する資格要件の見直し、事業者等の負担軽減を図るためのローカルルールの見直し等を進める。さらに、個別分野として「スタートアップ・イノベーション」「グリーン分野」「デジタル基盤」「人への投資」「医療・介護・感染症対策」「地域産業活性化」において重点的に規制改革を進めていくとしている。

◆ 分野ごとの取り組みの「医療・介護・感染症対策」では、介護施設の入居者に対するケアの質の確保を前提に、介護職員の負担軽減・処遇改善を図るための、介護付き有料老人ホーム等における人員配置基準の特例的な柔軟化を、遅くとも2023年度に結論・措置するとした。また、「人への投資」については、看護師等が保育士と合同で保育するなど一定の要件の下で、保育所等における配置基準を緩和し、2022年度の早期に措置するとした。

◆ デジタル原則をふまえた規制の横断的な見直しについては、4万以上ある法令・通達等のうち、約5,000あるアナログ規制7項目について、デジタル原則への適合性を点検し、見直しを実施する。また、その他横断的な取り組みについては、ローカルルールの見直しとして、介護分野の手続負担軽減（手続書類の共通化、デジタルによる一元的提出（法令上の措置））を行うことが盛り込まれている。

第14回規制改革推進会議

◆ 第14回規制改革推進会議（議長：大槻那奈　名古屋商科大学ビジネススクール教授）

が開催され、今後の進め方、規制改革の重要課題について協議が行われた。

◆ 2023年6月の答申のとりまとめに向けて、「スタートアップ・イノベーション」「人への投資」「医療・介護・感染症対策」「地域産業活性化」「共通課題対策」など5つのワーキング・グループが設置された。

◆ 当面の重要課題に、医療・介護・感染症対策については、「地方における高齢者等への持続的な医療・介護」があげられている。具体的には、「ケアの質を維持することを前提としつつ、介護、障害者福祉分野などにおける人員配置基準の見直し（管理者など）や医療・介護関係職のタスクシフト／タスクシェアを推進」が示されている。

◆ 人への投資については、「副業・兼業の促進（労働時間管理等）」「外国人材の受入れ等に関する制度・運用の改善」が、共通課題については、「ローカルルールの見直し」があげられている。

規制改革推進会議　医療・介護・感染症対策ワーキング・グループ（第1回～第4回）

◆ 規制改革推進会議の「医療・介護・感染症対策ワーキング・グループ」が10月20日から開催された。

◆ 各会議（第1回～第4回）における主な協議事項は以下のとおり。

【第1回】（10月20日）
○介護、障害者、保育サービスにおける管理者等の人員配置基準の柔軟化について
○プログラム医療機器（SaMD）の開発・市場投入の促進について
○規制改革ホットライン処理方針について

【第2回】（11月7日）
○訪問看護ステーションに配置可能な薬剤の対象拡充について
○医療データ等の利活用の促進について
　（1）NDBの利活用容易化について
　（2）地域医療連携の促進及び創薬等の推進のための個人情報の適切な取扱い等について

【第3回】（11月28日）
○ナース・プラクティショナー（仮称）制度について
○通所介護事業所や公民館等の身近な場所でのオンライン診療の受診について
○薬剤師の対人業務の強化のための調剤業務の一部外部委託について
○新型コロナウイルス感染症と季節性インフルエンザの同時流行に備えた季節性インフルエンザ抗原定性検査キットの利用環境の整備について
○規制改革ホットライン処理方針について

【第4回】（12月15日）
○通所介護事業所や公民館等の身近な場所でのオンライン診療の受診について
○医行為の範囲の明確化等について
○医療現場の負担軽減のための手続のデジタル化等について

◆ 第1回会合にて協議された「介護、障害者、保育サービスにおける管理者等の人員配

置基準の柔軟化について」では、管理者・施設長における兼務要件について協議が行われた。

規制改革推進に関する中間答申とりまとめ

◆ 12月22日、政府は第15回規制改革推進会議及び第56回国家戦略特別区域諮問会議を合同で開催し、規制改革推進に関する中間答申をとりまとめ、公表した。

◆ 中間答申では、経済成長の実現をめざした取り組みの年内の主な成果として、「プログラム医療機器」、「新型コロナウイルス及び季節性インフルエンザのコンボキット」、「保育所入所時の就労証明書作成手続の軽減」及び「海外起業人材の活躍に資する制度見直し」に関する規制改革を実現したとしている。

◆ また今後、地方の活性化という観点もふまえつつ、デジタルやGXの要請に対応し、人口減少等による供給制約を打破することにより、「社会課題の解決」をフロンティアとした経済成長の実現をめざして、夏の答申に向けた検討・具体化を加速し、「デジタル時代の規制改革」「GX推進のための規制改革」「人口減少等に対応した規制改革」「地方の活性化を図る規制改革」の重点事項を突破口として、新時代の規制改革を展開するとしている。

規制改革推進に関する中間答申（概要）

成長のための規制改革の加速について～今回結実した主な成果～

規制改革推進会議は、経済成長の実現を目指した取組の年内の主な成果として、**「プログラム医療機器」**、**「新型コロナウイルス及び季節性インフルエンザのコンボキット」**、**「保育所入所時の就労証明書作成手続の軽減」**及び**「海外起業人材の活躍に資する制度見直し」**に関する規制改革を実現。

（1）プログラム医療機器の開発・市場投入の促進

（年間20%以上拡大するプログラム医療機器市場を成長の原動力に）
- 全国どこに住んでいても高度な医療を受けることを可能とするなどの観点から、プログラム医療機器（SaMD）の社会実装は極めて重要な課題。
- SaMDの臨床現場における使用を早期に可能とするため、二段階承認制度を導入（薬事承認まで4年超→1年～）。
- 革新的なSaMDの開発を可能とする観点から、新たな保険償還の仕組みを設ける（償還開始まで5年超→1年～、その後の性能向上も反映）。

（3）保育所入所時の就労証明書作成手続の軽減

（子育て関連手続の保護者・雇用主の負担軽減）
- 就労証明書について、様式が全ての地方公共団体において統一されておらず、就労証明書を作成する事業者にとっての大きな負担。
- 国が定める標準的な様式を全ての地方公共団体で原則使用とすべく、法令上の措置を講じる（令和6年度申請分～）。
- 保護者及び雇用主の利便性向上のため、雇用主が直接地方公共団体に就労証明書をオンライン提出することを可能とする（同上）。

（2）新型コロナ・インフルの同時検査キットの利用環境整備

（今冬の新型コロナ・インフルの同時発生のおそれへの備え）
- 高齢者等が、新型コロナ又はインフルエンザに罹患した可能性が高い場合に確実に受診できる環境の整備が急務。
- 新型コロナに加えインフルエンザも同時に検査可能な抗原定性検査キット（いわゆるコンボキット）の早急なOTC化などを提言（厚生労働省はコンボキットをOTC化済み）。

（4）海外起業人材の活躍に資する制度見直し

（外国人留学生などによる地方での起業を活性化）
- スタートアップビザを取得した外国人起業家が、上陸後、早期に国内金融機関で居住者口座又は居住者と同等の預金口座の開設が可能となるよう措置を講じる。
- スタートアップビザの期間内に起業に至らなかった外国人に対し、更に最長6か月間の創業活動を認める（国家戦略特別区域外国人創業活動促進事業の活用）。

成長のための規制改革の加速について～今後より一層の取組を進めるもの～

今後、地方の活性化という観点も踏まえつつ、デジタルやGXの要請に対応し、**人口減少等による供給制約を打破する**ことにより、**「社会課題の解決」をフロンティアとした経済成長の実現**を目指して、**夏の答申に向けた検討・具体化を加速**し、以下の**重点事項を突破口**として、**新時代の規制改革を展開。**

（1）デジタル時代の規制改革

- **AI・デジタル社会に対応した規制改革**
  ～デジタル化を通じたユーザーの利便性の確保・促進～
  - 契約書の自動レビューサービスの利活用に向けた環境整備
  - 医療データの利活用促進
  - デジタル時代における放送制度改革
- **国と地方の新たな役割分担を踏まえた規制・制度改革**
  ～行政手続の属地主義、地域ごとのばらつきの是正～
  - 地方公共団体・地方支分部局宛で行政手続の一括申請化（36協定届等）
  - ローカルルールの見直し（放送受信料の障害者免除手続）

（3）人口減少等に対応した規制改革

- **教育制度の見直し及び外国人材の受入れ・活躍促進**
  ～内側（教育制度）と外側（外国人材）の両面からの供給制約の打破～
  - 大学間の競争促進（連携・統合又は縮小・撤退に向けた制度の見直し）
  - 特定技能の対象分野・手続等に関する見直し
  - 高度な専門性を持った外国人材の積極的な受入れに向けた環境整備
- **専門人材の活躍、育成促進**
  ～「人」が生み出す付加価値や活躍の機会の増大～
  - 有資格者の活躍促進（建設分野における監理技術者の制度の柔軟化等）
  - 医療関係職間のタスクシェア/タスクシフトの推進
  - 薬剤師の対物業務から対人業務へのシフト（調剤業務の一部外部委託）

（2）GX推進のための規制改革

- **カーボンニュートラル実現に向けた環境整備**
  ～走行時にCO2を排出しないEVの普及に向けたEV用充電器の整備～
  - EV用充電器の整備に係るロードマップの策定
  - 保安担当者不足への対応（主任技術者に関する制度の合理化）

（4）地方の活性化を図る規制改革

- **新規事業・参入による地域経済の活性化**
  ～地方のスタートアップ等の活躍を支える制度の構築～
  - スタートアップ参入拡大のための政府調達制度の活用
  - 卸売市場の活性化に向けた取組（新規参入の促進等）
- **地方を起点にした改革の推進**
  ～地方を先進事例にした課題解決～
  - 離島・山間部における新たな空のモビリティ（無操縦者航空機）の推進
  - 医療アクセスの確保（タスクシェア/タスクシフトの推進（再掲）、オンライン診療）

③ 地方創生・地方分権等

政策POINT | 地方分権改革に向けた制度整備

- 5月13日、「地域の自主性及び自立性を高めるための改革の推進を図るための関係法律の整備に関する法律案」（第12次地方分権一括法）が衆議院本会議での全会一致で可決され、成立した。（5月20日公布）

  ⇒地方分権改革を進めるにあたっての「令和3年の地方からの提案等に関する対応方針」（2021年12月21日閣議決定）をふまえ、関係法律の整備を行うもので、国民や地方公共団体の事務負担の軽減や、デジタル化による効率化・利便性の向上を図ったもの。

- 6月13日、第54回国家戦略特別区域諮問会議（議長：岸田文雄 内閣総理大臣）が開催され、「地域限定保育士」特例措置の全国展開に向けた検討や看護師等を一人に限り保育士と見なす措置の要件緩和など、「国家戦略特区において取り組む規制改革事項等」が了承された。

地域の自主性及び自立性を高めるための改革の推進を図るための関係法律の整備に関する法律（第12次地方分権一括法）成立

◆ 5月13日、「地域の自主性及び自立性を高めるための改革の推進を図るための関係法律の整備に関する法律」（第12次地方分権一括法）が衆議院本会議での全会一致で可決され、成立した。

◆ 本法は、「令和3年の地方からの提案等に関する対応方針」（令和3年12月21日閣議決定）での「法律の改正により措置すべき事項については、所要の一括法案等を令和4年通常国会に提出することを基本とする。（抜粋）」との方針をふまえ、関係法律の整備を行うもの。

◆ 本法は、国民や地方公共団体の事務負担の軽減や、デジタル化による効率化・利便性の向上を図ったもので、認可地縁団体について、合併及び書面等による決議を可能とする見直しや水道法、国土調査法及び空家等対策の推進に関する特別措置法に基づく事務について、住民基本台帳ネットワークシステムの利用を可能とする見直し（住民基本台帳法）、難病の患者等に交付する医療受給者証について、指定医療機関の包括的な記載を可能とする見直し（難病の患者に対する医療等に関する法律、児童福祉法）、オンラインによる医師、歯科医師、薬剤師の届出に係る都道府県経由事務の廃止（医師法、歯科医師法、薬剤師法）等が行われた。

国家戦略特別区域諮問会議
（第54回〜56回）

◆ 内閣府は、国家戦略特別区域諮問会議（議長：岸田文雄内閣総理大臣）（第54回〜56回）を開催した。

◆ 6月13日に開催された第54回会議では、「地域限定保育士」特例措置の全国展開に向けた検討や看護師等を一人に限り保育士と見なす措置の要件緩和など、「国家戦略特区において取り組む規制改革事項等」が了承された。

◆ 「地域限定保育士の創設及び多様な主体による地域限定保育士試験の実施」に関しては、2022年度中に検討を行ったうえで中間的な議論の整理を行うとし、「看護系人材の活用による待機児童解消の促進」については、2022年度中できるだけ早期に所要の措置を講ずるとされた。

◆ また、人への投資、地域活性化など、地域・社会課題解決に向けて民間企業、個人等から幅広く特区のアイディア募集を行うことが決定された。

◆ 10月28日に開催された第55回会議において、募集されたアイディアの結果の概要について報告が行われた。

◆ 12月22日に開催された第56回会議において、「地域創生のための制度改革・規制改革に関するアイディア募集をふまえた施策パッケージ」が示された。

◆ 今後、施策パッケージをふまえ、規制改革に関するアイディアの具体化を図り、国家戦略特区ワーキンググループ等を活用しつつ、規制所管省庁との調整を進め、規制所管省庁との調整を経た段階で、具体的な規制の特例措置を創設するとしている。

テーマ 4 社会福祉法人関係

政策POINT | 社会福祉法人の「地域における公益的な取組」の推進に向けて

◉ 3月25日、政府は「第二期成年後見制度利用促進基本計画」を閣議決定した。
　⇒第二期基本計画では地域共生社会の実現という目的に向け、本人を中心とした支援活動における共通基盤となる考え方として「権利擁護支援」を位置づけたうえで、権利擁護支援の地域連携ネットワークのいっそうの充実などの成年後見制度利用促進の取り組みをさらに進める。

◉ 3月28日、厚生労働省は令和3年度社会福祉充実計画の状況を公表した。社会福祉充実計画を有する法人は、1,918法人（9.1%）で、社会福祉充実財産の総額は 4,126億円であった。また、社会福祉充実計画を有する1,918法人のうち、「地域における公益的な取組」を実施している法人は、1,339法人（69.8%）であった。

◉ 社会福祉法人総数のうち、「地域における公益的な取組」を実施している法人は、13,416法人（63.8%）であった。

◉ 10月4日、内閣府は公益法人制度の見直しに必要な検討を行うため、内閣府特命担当大臣（経済財政政策）の下、「新しい時代の公益法人制度の在り方に関する有識者会議」を設置し、第1回会議を開催した。

◉ 厚生労働省は、社会福祉連携推進法人の設立状況を公表した。認定があった社会福祉連携推進法人は7法人。（2022年12月8日時点）

◉ 12月26日、内閣府は「新しい時代の公益法人制度の在り方に関する有識者会議」中間報告をとりまとめた。
　⇒改革の基本的方向性として、「公」の主たる担い手である公益法人が、社会的課題の取組を継続的・発展的に実施していけるよう、「活動の自

由度拡大」と「自由度拡大に伴うガバナンスの充実」を両輪として、公益法人制度の時代に合わせた改革を進めていく必要があるとしている。

〈参考資料〉
◆ 令和3年度の社会福祉充実計画の状況について
◆ 「新しい時代の公益法人制度の在り方に関する有識者会議」中間報告（概要）

社会福祉連携推進法人の設立状況の公表

◆ 厚生労働省は、社会福祉連携推進法人の設立状況を公表した。
◆ 「社会福祉連携推進法人」制度は、社会福祉法人等が社員となり、福祉サービス事業者間の連携・協働を図るための取り組み等を行うものとして2022年4月1日より開始された。
◆ 認定があった社会福祉連携推進法人は下記7法人【令和4年12月8日時点】
　①社会福祉連携推進法人リガーレ（認可所轄庁：京都府）
　②社会福祉連携推進法人リゾムウェル（認可所轄庁：大阪府）
　③社会福祉連携推進法人日の出医療福祉グループ（認可所轄庁：兵庫県）
　④社会福祉連携推進法人光る福祉（認可所轄庁：千葉県）
　⑤社会福祉連携推進法人共栄会（認可所轄庁：東京都）
　⑥社会福祉連携推進法人あたらしい保育イニシアチブ（認可所轄庁：和歌山県）
　⑦社会福祉連携推進法人青海波グループ（認可所轄庁：東京都）

令和3年度社会福祉充実計画を公表

◆ 3月28日、厚生労働省は令和3年度社会福祉充実計画の状況を公表した。社会福祉充実計画を有する法人は、1,918法人（9.1％）で、社会福祉充実財産の総額は4,126億円であった。また、社会福祉充実計画を有する1,918法人のうち、「地域における公益的な取組」を実施している法人は、1,339法人（69.8％）であった。
◆ 社会福祉法人総数のうち、「地域における公益的な取組」を実施している法人は、13,416法人（63.8％）であった。

第二期成年後見制度利用促進基本計画が閣議決定

◆ 3月18日、厚生労働省は、第4回成年後見制度利用促進会議を持ち回りにて開催し、第二期成年後見制度利用促進基本計画案について確認を行った。その後、3月25日に閣議決定された。
◆ 成年後見制度利用促進基本計画は、「成年後見制度の利用の促進に関する法律」に基づき策定されるもので、第二期計画は2022年度から2026年度までの5年間（第一期計画は2017年度から2021年度まで）。
◆ 第二期計画は、成年後見制度を「地域共生社会」の実現に向けた手段の一つと位置付けたうえで、見直しが実施されている。
◆ 第二期計画のポイントは以下のとおり。
　1. 成年後見制度の見直しに向けた検討と権利擁護支援策の総合的な充実
　　　・成年後見制度（民法）の見直しに向けた検討
　　　・成年後見制度以外の権利擁護支援策の検討（民間事業者・寄付による権利擁護支援への取組等を促すための方策、福祉制度・事業の見直しの検討）

2.　成年後見制度の運用の改善
　　・家庭裁判所と地域の関係者の連携により、本人にとって適切な後見人等の選
　　　任や本人の状況に応じた後見人等の交代、都道府県による意思決定支援研修
　　　の実施
3.　後見人等への適切な報酬の付与
　　・最高裁判所、家庭裁判所で後見人等の適切な報酬の算定に向けた検討を実施。
　　　併せて報酬助成事業の見直しを含めた対応を検討
　　・成年後見制度の見直しの検討の際、報酬のあり方も検討。併せて関係省庁で
　　　報酬助成等の制度のあり方も検討
4.　権利擁護支援の地域連携ネットワークづくりの推進
　　・都道府県の機能強化（都道府県レベルの法律専門職・家庭裁判所を含めた会
　　　議体の設置等）により権利擁護支援の地域連携ネットワークを全市町村で早
　　　期に整備
　　・域連携ネットワークの計画的整備のため、全市町村で成年後見制度利用促進
　　　基本計画を早期に策定
　　・市民後見人や法人後見の担い手の育成（都道府県が育成方針策定）や支援

成年後見制度利用促進専門家会議

◆ 5月18日、厚生労働省は、第13回成年後見制度利用促進専門家会議を開催した。
◆ 会議では、第二期成年後見制度利用促進基本計画の策定及び成年後見制度の利用の
　促進に関する取り組み状況等について報告が行われるとともに、第二期成年後見制
　度利用促進基本計画をふまえ、①総合的な権利擁護支援策の検討ワーキング・グルー
　プ、②成年後見制度の運用改善等に関するワーキング・グループ、③ネットワーク
　地域連携ワーキング・グループの3つのワーキング・グループが設置された。
◆ 各ワーキング・グループでの検討事項は以下のとおり。
　①総合的な権利擁護支援策の検討ワーキング・グループ
　　総合的な権利擁護支援策の検討に関することについて
　②成年後見制度の運用改善等に関するワーキング・グループ
　　適切な報酬算定に向けた検討及び報酬助成の推進等について
　③地域連携ネットワークワーキング・グループ
　　対応困難事案に関することについて
◆ 今後、ワーキング・グループでの検討状況や第二期計画の進捗状況等をふまえ、第
　二期基本計画の中間検証として、2024年度に個別の課題の整理・検討が行われる。

「新しい時代の公益法人制度の在り方に関する有識者会議」中間報告

◆ 12月26日、内閣府は「新しい時代の公益法人制度の在り方に関する有識者会議」中
　間報告をとりまとめた。
◆ 本会議は、「新しい資本主義のグランドデザイン及び実行計画」（2022年6月7日閣議

決定）および「経済財政運営と改革の基本方針 2022」（2022年6月7日閣議決定）に基づき、民間にとっての利便性向上の観点から、公益法人制度の見直しに必要な検討を行うため、設置された。

◆ 10月4日に第1回会議が開催され、計8回の協議を経て中間報告がとりまとめられた。

◆ 改革の意義及び基本的方向性として、「公」の主たる担い手である公益法人が、社会的課題の取組を継続的・発展的に実施していけるよう、「活動の自由度拡大」と「自由度拡大に伴うガバナンスの充実」を両輪として、公益法人制度の時代に合わせた改革を進めていく必要があるとしている。

◆ 「法人活動の自由度拡大」では、「収支相償原則の見直し」「遊休財産規制の見直し」「認定等手続の柔軟化・迅速化」を掲げている。

◆ 「自由度拡大に伴うガバナンスの充実」では、「法人運営の透明性の一層の向上」「法人の内外からのガバナンスの向上」「行政による事後チェック」を掲げている。

◆ また、公益活動の活性化のための環境整備として、「公益法人行政のDXの推進」「公益信託の公益認定制度への一元化による民間公益活動活性化」としている。

令和3年度の社会福祉充実計画の状況について

「社会福祉充実財産」（社会福祉法人の財産から事業継続に必要な財産を控除した財産）が生じた法人は、「社会福祉充実計画」を策定し、使途を見える化した上で計画的に社会福祉事業等に再投下することとしている。令和3年度における当該計画の状況は以下のとおり。（令和3年10月1日時点福祉基盤課調べ※1）

・**社会福祉充実計画を有する法人**は、1,918法人（社会福祉法人総数※2の9.1％）で、**社会福祉充実財産の総額**は4,126億円
　（参考：令和2年度の状況社会福祉充実計画を有する法人1,833法人（8.7％）社会福祉充実財産の総額4,132億円）
・また、社会福祉充実計画を有する1,918法人のうち、**「地域における公益的な取組」を実施している法人**は、1,339法人（69.8％）
　（参考：社会福祉法人総数※2のうち、「地域における公益的な取組」を実施している法人13,416法人（63.8％））

1. 社会福祉充実計画の有無

策定中・未策定等
120法人

9%

社会福祉
法人総数※2
21,024法人

90%

社会福祉充実計画を
有する法人
1,918法人
（全法人数の9.1％）

2. 社会福祉充実計画の事業区分

社会福祉充実財産の使途は、社会福祉事業、地域公益事業、公益事業の順に検討することとなっている。

社会福祉事業	地域公益事業	公益事業	合計
3,836事業	107事業	49事業	3,992事業
96.1 %	2.7 %	1.2 %	-

3. 社会福祉充実計画の事業内容別事業費・事業数内訳

事業内容	事業費※3	事業数
合計	4,126 億円	3,992 事業
サービス向上のための既存施設の改築・設備整備	1,757 億円（42.6%）	1,577 事業（39.5%）
新規事業の実施	546億円（13.2%）	464 事業（11.6%）
職員給与、一時金の増額	158 億円（3.8%）	535 事業（13.4%）
サービス向上のための新たな人材の雇入れ	130 億円（3.2%）	377 事業（9.5%）
既存事業のサービス内容の充実	86 億円（2.1%）	371 事業（9.3%）
既存事業の定員、利用者の拡充	47 億円（1.1%）	55 事業（1.4%）
職員の福利厚生、研修の充実	45 億円（1.1%）	391 事業（9.8%）
上記以外の事業	164 億円（4.0%）	222 事業（5.6%）
充実計画の対象となっていない充実財産等※4	1,189 億円（28.8%）	-

※1 回収率は94.1％（昨年度回収率は91.6％）。なお、回収率の計算式は、（令和4年3月時点で有効回答1,918法人）／（社会福祉法人の財務諸表等電子開示システムのデータにおいて充実財産が発生した2,059法人から、社会福祉充実計画策定に係る費用が社会福祉充実財産を上回ることが明らかな場合等により、当該計画の策定が不要であることが確認できた21法人を除いた2,038法人）＝94.1％
※2 令和2年度福祉行政報告例に基づく全国の社会福祉法人数
※3 補助金等を除く充実財産充当額のみを計上
※4 充実計画期間内に新たに発生した充実財産、充実計画額と実績額との差額など充実計画の変更を伴わず充実計画の対象とならない額の合計額

（出典：厚生労働省資料）

「新しい時代の公益法人制度の在り方に関する有識者会議」中間報告（概要）

令和4年12月26日　内閣府大臣官房公益法人行政担当室

1. 改革の意識及び基本的方向性

○我が国の**公益法人**は、明治29年（1896年）の制度創設以来、**社会のあらゆる分野**で民間による公益的活動を牽引、国民の信用を獲得。
2006年改革において、主務官庁制を廃止し、内閣府に**設立許可・指導監督を一元化。厳格な事前規制・監督による国民の信頼確保に重きを置いた行政。**

➡

○新しい資本主義の実行計画では、「民間も公的役割を担う社会の実現」を柱の一つと位置付け。
「公」の主たる担い手である公益法人が、**社会的課題の取組を継続的・発展的に実施**していけるよう、**「活動の自由度拡大」**と**「自由度拡大に伴うガバナンスの充実」**を両輪として、**公益法人制度の時代に合わせた改革を進めていく必要。**

2. 法人活動の自由度拡大

○改革の目的に照らし、公益法人が**社会的課題の変化等に柔軟に対応**して公益的活動の活性化が図られるよう、活動の自由度を拡大。

● **収支相償原則の見直し**
 ―単年度の収支差ではなく、将来の公益目的事業の持続・拡充のための準備資金を除いた分につき、中期的な収支均衡状況を図る趣旨を明確化
● **遊休財産規制の見直し**
 ―合理的理由により現行上限額（公益目的事業費1年相当分）を超えて保有する場合、その理由や財務状況等を透明化し適切な管理・活用を行うことの説明責任を課す
● **認定等手続の柔軟化・迅速化**
 ―公益性に大きな影響を与えない変更は、変更認定から届出に
 ―行政庁による審査の迅速化、透明性（予見可能性）の向上

3. 自由度拡大に伴うガバナンスの充実

○**不祥事防止等のコンプライアンス確保**に加え、**自由度拡大に伴う**社会的責任の高まりに見合う**説明責任強化**のため**ガバナンスを充実。**

● **法人運営の透明性の一層の向上**
 ―情報開示の範囲を拡充
 ――元的な情報プラットフォームの整備
● **法人の内外からのガバナンスの向上**
 ―法人運営への外部からの視点の導入、監査・監督機能の強化等による法人の自律的ガバナンスの充実
 ―社会的な評価・チェック機能の向上
● **行政による事後チェック**
 ―立入検査の重点化、不適切事案に対する迅速かつ的確な行政処分

4. 公益活動の活性化のための環境整備

● 公益法人行政のDXの推進（申請のデジタル完結、ユーザーの利便性向上、定期提出書類の負担軽減など）
● 公益信託の公益認定制度への一元化による民間公益活動活性化

今後のスケジュール（予定）

● 令和5年夏　新しい資本主義実行計画・骨太方針
　　　　　　　予算要求・税制改正要望予定
● 令和6年　　改正法案国会提出を目指す

テーマ ⑤ 高齢者福祉施策

政策POINT | 希望する所で安心して生活できる社会を実現するために

- 6月21日、厚生労働省は、局長通知「介護職員処遇改善加算、介護職員等特定処遇改善加算及び介護職員等ベースアップ等支援加算に関する基本的考え方並びに事務処理手順及び様式例の提示について」を発出し、10月から施行される「介護職員等ベースアップ等支援加算」の具体的な取り扱いを示した。

- 11月7日、厚生労働省は「社会保障審議会介護保険部会介護分野の文書に係る負担軽減に関する専門委員会取りまとめ」を公表した。
  ⇒「指定申請・報酬請求・実地指導関連文書の国が定める標準様式例について」「簡素化や利便性向上に係る要望を提出できる専用の窓口について」「『電子申請・届け出システム』について」「地域による独自ルールについて」「その他の課題について」の5点について、それぞれ現状と対応の方向性について整理した。

- 12月20日、厚生労働省は社会保障審議会介護保険部会において「介護保険制度の見直しに関する意見」をとりまとめた。

〈参考資料〉
◆ 介護保険制度の見直しに関する意見（概要）
◆ 処遇改善に係る加算全体のイメージ（2022年度改定後）

社会保障審議会介護保険部会意見取りまとめ

◆ 12月20日、厚生労働省は社会保障審議会介護保険部会（部会長：菊池馨実　早稲田大学法学学術院教授）において「介護保険制度の見直しに関する意見」をとりまとめた。

◆ 今回の意見は、全体として以下の点をふまえ、とりまとめられている。

・全世代対応型の持続可能な社会保障制度の構築に向けて、質の高い医療・介護を効率的に提供するための基盤整備が必要であること。

・次期計画期間中に2025年を迎えるが、今後、85歳以上人口の割合が上昇し、サービス需要や給付費は増加する一方、生産年齢人口は急減することが見込まれている。地域ニーズに対応したサービス等基盤の整備や、人材確保、保険制度の持続可能性の確保に向けた早急な対応が必要であること。

・社会環境の変化の中でも、高齢者の自己決定に基づき、必要なサービスを受けられ、希望する所で安心して生活できる社会を実現する必要があること。

◆ 意見は、「Ⅰ．地域包括ケアシステムの深化・推進」と「Ⅱ．介護現場の生産性向上の推進、制度の持続可能性の確保」の2章で構成されている。

◆ 「Ⅰ．地域包括ケアシステムの深化・推進」では、「生活を支える介護サービス等の基盤の整理」「様々な生活上の困難を支え合う地域共生社会の実現」「保険者機能の強化」の3点に分けて整理されている。

◆ 「Ⅱ．介護現場の生産性向上の推進、制度の持続可能性の確保」では、「介護人材の確保、介護現場の生産性向上の推進」「給付と負担」の2点に分けて整理されている。

◆ 「給付と負担」について、論点とされていた事項については、

○1号保険料の在り方、一定以上所得（2割負担）の判断基準について、次期計画に向けて結論を得る。遅くとも来年の夏までに結論を得るべく部会において引き続き議論。

○軽度者（要介護1・2）への生活援助サービス等に関する給付の在り方については、第10期計画期間（2027〜2029年度）の開始までの間に、市町村の意向や利用者への影響等をふまえ包括的に検討し、結論を出すことが適当。ケアマネジメントに関する給付についても同様。

○介護保険3施設（特別養護老人ホーム、介護老人老健施設、介護療養型医療施設）などの入所者のうち住民税非課税世帯の人の食費・居住費負担を軽減をする「補足給付」は、引き続き検討を行う。

○介護老人保健施設と介護医療院の多床室室料については、介護給付費分科会で介護報酬の設定等も含めた検討を行い、次期計画に向けて結論を得る必要がある、とされた。

介護保険部会介護分野の文書に係る負担軽減に関する専門委員会とりまとめ

◆ 11月7日、厚生労働省は「社会保障審議会介護保険部会介護分野の文書に係る負担軽

減に関する専門委員会取りまとめ」を公表した。

◆ 厚生労働省は、これまで2019年8月より計13回にわたり、社会保障審議会介護保険部会介護分野の文書に係る負担軽減に関する専門委員会を開催し、協議を行ってきた。

◆ 取りまとめでは、主な検討項目を「指定申請・報酬請求・実地指導関連文書の国が定める標準様式例について」「簡素化や利便性向上に係る要望を提出できる専用の窓口について」「『電子申請・届け出システム』について」「地域による独自ルールについて」「その他の課題について」の5点に整理し、それぞれ現状と対応の方向性についてまとめている。

介護職員等ベースアップ等支援加算通知

◆ 6月21日に、厚生労働省は、局長通知「介護職員処遇改善加算、介護職員等特定処遇改善加算及び介護職員等ベースアップ等支援加算に関する基本的考え方並びに事務処理手順及び様式例の提示について」を発出し、6月23日に、課長通知「『指定居宅サービスに要する費用の額の算定に関する基準（訪問通所サービス、居宅療養管理指導及び福祉用具貸与に係る部分）及び指定居宅介護支援に要する費用の額の算定に関する基準の制定に伴う実施上の留意事項について』等の一部改正について」を発出して、2022年10月から施行される「介護職員等ベースアップ等支援加算」の具体的な取扱いを示した。

◆ 同加算は、「コロナ克服・新時代開拓のための経済対策」（2021年11月19日閣議決定）をふまえ、2022年10月以降について2022年度介護報酬改定を行い、介護職員の収入を3％程度（月額9,000円相当）引き上げるための措置を講じるため新設された。

介護保険制度の見直しに関する意見（概要）

令和4年12月20日　社会保障審議会介護保険部会

○全世代対応型の持続可能な社会保障制度の構築に向けて、質の高い医療・介護を効率的に提供するための基盤整備が必要。
○次期計画期間中に2025年を迎えるが、今後、85歳以上人口の割合が上昇し、サービス需要や給付費は増加する一方、生産年齢人口は急減。
　地域ニーズに対応したサービス等基盤の整備や、人材確保、保険制度の持続可能性の確保に向けた早急な対応が必要。
○社会環境の変化の中でも、高齢者の自己決定に基づき、必要なサービスを受けられ、希望する所で安心して生活できる社会を実現する必要。

Ⅰ 地域包括ケアシステムの深化・推進

1．生活を支える介護サービス等の基盤の整備

○地域の実情に応じた介護サービスの基盤整備
・長期的な介護ニーズの見通しや必要な介護職員数を踏まえ計画を策定。その際、既存施設・事業所の今後のあり方も含め検討

○在宅サービスの基盤整備
・複数の在宅サービス（訪問や通所など）を組み合わせて提供する複合型サービスの類型の新設を検討
・看護小規模多機能型居宅介護のサービスの明確化など、看護小規模多機能型居宅介護等の更なる普及方策について検討

○ケアマネジメントの質の向上
・質の向上・人材確保の観点から第9期を通じて包括的な方策を検討
・適切なケアマネジメント手法の更なる普及・定着
・ケアプラン情報の利活用を通じた質の向上
・質の高い主任ケアマネジャーを養成する環境の整備、業務効率化等の取組も含めた働く環境の改善

○医療・介護連携等
・医療計画と介護保険事業（支援）計画との整合性の確保
・地域リハビリテーション支援体制の構築の推進
・かかりつけ医機能の検討状況を踏まえ、必要な対応

○施設サービス等の基盤整備
・特養における特例入所の運用実態を把握の上、改めて、その趣旨の明確化を図るなど、地域の実情を踏まえ適切に運用

○住まいと生活の一体的支援
・モデル事業の結果等を踏まえ、住宅分野や福祉分野等の施策との連携や役割分担のあり方も含め引き続き検討

○介護情報利活用の推進
・自治体・利用者・介護事業者・医療機関等が、介護情報等を電子的に閲覧できる情報基盤を整備するため、介護情報等の収集・提供等に係る事業を地域支援事業に位置づける方向で、自治体等の関係者の意見も十分に踏まえながら検討

○科学的介護の推進
・LIFEのフィードバックの改善や収集項目の精査を検討

2．様々な生活上の困難を支え合う地域共生社会の実現

○総合事業の多様なサービスの在り方
・実施状況・効果等について検証を実施
・第9期を通じて充実化のための包括的な方策を検討。その際、地域の受け皿整備のため、生活支援体制整備事業を一層促進。また、多様なサービスをケアプラン作成時に適切に選択できる仕組みの検討

○通いの場、一般介護予防事業
・多様な機能を有する場として発展させるため、各地域の状況や課題毎に活用・参照しやすいよう情報提供。専門職の関与を推進

○認知症施策の推進
・認知症施策推進大綱の中間評価を踏まえた施策の推進

○地域包括支援センターの体制整備等
・家族介護者支援等の充実に向け、センターの総合相談支援機能の活用、センター以外の各種取組との連携
・センターの業務負担軽減のため、
　－介護予防支援の指定対象を居宅介護支援事業所に拡大
　－総合相談支援業務におけるブランチ等の活用推進。市町村からの業務の部分委託を可能とする等の見直し
　－3職種配置は原則としつつ、職員配置の柔軟化

3．保険者機能の強化

○保険者機能強化推進交付金等
・評価指標の見直し・縮減とアウトカムに関する指標の充実

○給付適正化・地域差分析
・給付適正化主要5事業の取組の重点化・内容の充実・見える化

○要介護認定
・より多くの保険者が審査の簡素化に取り組むよう、簡素化事例の収集・周知。今後、ICTやAIの活用に向けて検討
・コロナの感染状況を踏まえ、ICTを活用して認定審査会を実施できるとする取扱いについて、コロナの感染状況を問わず継続

Ⅱ 介護現場の生産性向上の推進、制度の持続可能性の確保

1．介護人材の確保、介護現場の生産性向上の推進

（1）総合的な介護人材確保対策
・処遇の改善、人材育成への支援、職場環境の改善による離職防止、介護職の魅力向上、外国人材の受入れ環境整備など総合的に実施
・介護福祉士のキャリアアップや処遇につながる仕組みの検討
・外国人介護人材の介護福祉士資格取得支援等の推進

（2）生産性の向上により、負担が軽減され働きやすい介護現場の実現
○地域における生産性向上の推進体制の整備
・生産性向上等につながる取組を行う介護事業者へ認証を付与する取組により、優良事例を横展開
・都道府県主導のもと、様々な支援・施策を一括して取り扱い、適切な支援につなぐワンストップ窓口の設置など総合的な事業者支援
・地方公共団体の役割を法令上明確化

○施設や在宅におけるテクノロジー（介護ロボット・ICT等）の活用
・相談窓口を通じた体験展示、研修会、個別相談対応等の推進
・施設における介護ロボットのパッケージ導入モデル等の活用推進
・在宅におけるテクノロジー活用に当たっての課題等に係る調査研究

○介護現場のタスクシェア・タスクシフティング
・いわゆる介護助手について、業務の切り分け、制度上の位置付け等の検討。人材の確保については、特定の年齢層に限らず柔軟に対応

○経営の大規模化・協働化等
・社会福祉連携推進法人の活用促進も含め、好事例の更なる横展開
・「デジタル原則に照らした規制の一括見直しプラン」も踏まえ、各サービスにおける管理者等の常駐等について、必要な検討

○文書負担の軽減
・標準様式や「電子申請・届出システム」の基本原則化について所要の法令上の措置を遅滞なく実施

○財務状況等の見える化
・介護サービス事業所の経営情報を詳細に把握・分析できるよう、事業者が都道府県知事に届け出る経営情報について、厚生労働大臣がデータベースを整備し公表
・介護サービス情報公表制度について、事業者の財務状況を公表。併せて、一人当たりの賃金等についても公表の対象への追加を検討

2．給付と負担

（1）高齢者の負担能力に応じた負担の見直し
○1号保険料負担の在り方
・国の定める標準段階の多段階化、高所得者の標準乗率の引上げ、低所得者の標準乗率の引下げ等について検討を行い、具体的な段階数、乗率、公費と保険料多段階化の役割分担等について、次期計画に向けた保険者の準備期間等を確保するため、早急に結論を得る

○「現役並み所得」、「一定以上所得」の判断基準
・利用者負担が2割となる「一定以上所得」の判断基準の見直しについて、後期高齢者医療制度との関係や介護サービスは長期間利用されること等を踏まえつつ、高齢者が必要なサービスを受けられるよう、高齢者の生活実態や生活への影響等も把握しながら検討を行い、次期計画に向けて結論を得る

○補足給付に関する給付の在り方
・給付の実態やマイナンバー制度を取り巻く状況なども踏まえつつ、引き続き検討
（※）次期計画に向けて結論を得るとされた事項については、遅くとも来年夏までに結論を得るべく引き続き議論

（2）制度間の公平性や均衡等を踏まえた給付内容の見直し
○多床室の室料負担
・老健施設及び介護医療院について、在宅との負担の公平性、各施設の機能や利用実態等を踏まえつつ、介護給付費分科会において介護報酬の設定等も含めた検討を行い、次期計画に向けて結論を得る

○ケアマネジメントに関する給付の在り方
・利用者やケアマネジメントに与える影響、他サービスとの均衡等を踏まえ包括的に検討し、第10期計画期間の開始までに結論を得る

○軽度者への生活援助サービス等に関する給付の在り方
・現在の総合事業に関する評価・分析等を踏まえ包括的に検討し、第10期計画期間の開始までに結論を得る

（3）被保険者範囲・受給者範囲
・第2号被保険者の対象年齢を引き下げることについて、介護保険を取り巻く状況の変化も踏まえつつ、引き続き検討

処遇改善に係る加算全体のイメージ（令和4年度改定後）

新加算（介護職員等ベースアップ等支援加算）

■対象：介護職員。ただし、事業所の判断により、他の職員の処遇改善にこの処遇改善の収入を充てることができるよう柔軟な運用を認める。

■算定要件：以下の要件をすべて満たすこと。
- 処遇改善加算(I)～(Ⅲ)のいずれかを取得していること
- 賃上げ効果の継続に資するよう、加算額の2/3は介護職員等のベースアップ等（※）に使用することを要件とする。
- ※「基本給」又は「決まって毎月支払われる手当」の引上げ

介護職員等特定処遇改善加算

■対象：事業所が、①経験・技能のある介護職員、②その他の介護職員、③その他の職種に配分

■算定要件：以下の要件をすべて満たすこと。
- ※介護福祉士の配置割合等に応じて、加算率を二段階に設定。
- 処遇改善加算(I)～(Ⅲ)のいずれかを取得していること
- 処遇改善加算の職場環境等要件に関し、複数の取組を行っていること
- 処遇改善加算に基づく取組について、ホームページ掲載等を通じた見える化を行っていること

全体のイメージ

特定処遇改善加算(I)	特定処遇改善加算(Ⅱ)				
新加算 月額0.9万円相当(注)	特定処遇改善加算(I)	特定処遇改善加算(Ⅱ)			
	新加算 月額0.9万円相当(注)	特定処遇改善加算(I)	特定処遇改善加算(Ⅱ)	
処遇改善加算(I) 月額3.7万円相当(注)		新加算 月額0.9万円相当(注)		
	処遇改善加算(Ⅱ) 月額2.7万円相当(注)	処遇改善加算(Ⅲ) 月額1.5万円相当(注)	

〔注：事務所の総報酬に加算率（サービス毎の介護職員数を踏まえて設定）を乗じた額を交付〕

介護職員処遇改善加算

■対象：介護職員のみ
●算定要件：以下のとおりキャリアパス要件及び職場環境等要件を満たすこと

加算（I）	加算（Ⅱ）	加算（Ⅲ）
キャリアパス要件のうち①+②+③を満たすかつ職場環境等要件を満たす	キャリアパス要件のうち①+②を満たすかつ職場環境等要件を満たす	キャリアパス要件のうち①or②を満たすかつ職場環境等要件を満たす

＜キャリアパス要件＞
1. 職位・職責・職務内容等に応じた**任用要件と賃金体系**を整備すること
2. 資質向上のための計画を策定して**研修の実施又は研修の機会を確保**すること
3. 経験若しくは資格等に応じて**昇給する仕組み**又は一定の基準に基づき**定期に昇給を判定する仕組み**を設けること
※就業規則等の明確な書面での整備・全ての介護職員への周知を含む。

＜職場環境等要件＞
賃金改善を除く、職場環境等の改善

（出典：厚生労働省資料）

テーマ ⑥ 障害者福祉施策

政策POINT | 障害者の希望する生活を実現するために

- 社会保障審議会障害者部会（部会長：菊池馨実　早稲田大学法学学術院教授）は、2021年3月より障害者総合支援法等の施行状況や施策の見直しに関する議論を開始し、2021年12月16日に中間整理を公表した。その後さらなる協議を経て、2022年6月13日に「障害者総合支援法改正法施行後3年の見直しについて　報告書」をとりまとめた。

  ⇒基本的な考え方として「障害者が希望する地域生活を実現する地域づくり」「社会の変化等に伴う障害児・障害者のニーズへのきめ細かな対応」「持続可能で質の高い障害福祉サービス等の実現」の3点が示された。

- 5月19日、衆議院本会議で「障害者による情報の取得及び利用並びに意思疎通に係る施策の推進に関する法律」（障害者情報アクセシビリティ・コミュニケーション施策推進法）が全会一致で可決・成立した。

- 6月9日、厚生労働省は2021年10月11日に設置した「地域で安心して暮らせる精神保健医療福祉体制の実現に向けた検討会」において、「精神障害者等に対する支援」について13回にわたり議論を行い、報告書をとりまとめ、公表した。

  ⇒基本的な考え方において「精神保健医療福祉上のニーズを有する方が、病状の変化に応じ、保健、医療、障害福祉・介護、居住、就労等の多様なサービスを、身近な地域で切れ目なく受けられるようにすることが必要。」と整理した。

- 12月10日、障害者の日常生活及び社会生活を総合的に支援するための法律等の一部を改正する法律（障害者総合支援法改正）が参議院本会議にて可決され、成立した。

〈参考資料〉
◆ 障害者の日常生活及び社会生活を総合的に支援するための法律等の一部
を改正する法律（概要版）

障害者総合支援法等改正

◆ 障害者の日常生活及び社会生活を総合的に支援するための法律等の一部を改正する法律（障害者総合支援法等改正）が12月10日、参議院本会議にて可決され、成立した。

◆ 本改正に向けては、社会保障審議会障害者部会において協議が行われ、6月13日、「障害者総合支援法改正法施行後3年の見直しについて　報告書」がとりまとめられた。

◆ 今回の改正では、障害者等の地域生活や就労の支援の強化等により、障害者等の希望する生活を実現するため、①障害者等の地域生活の支援体制の充実、②障害者の多様な就労ニーズに対する支援及び障害者雇用の質の向上の推進、③精神障害者の希望やニーズに応じた支援体制の整備、④難病患者及び小児慢性特定疾病児童等に対する適切な医療の充実及び療養生活支援の強化、⑤障害福祉サービス等、指定難病及び小児慢性特定疾病についてのデータベースに関する規定の整備等の措置を講ずるとしている。

◆ 具体的な改正として、

　○グループホームの支援内容として、一人暮らし等を希望する利用者に対する支援や退居後の相談支援が含まれることを明確化する。

　○基幹相談支援センターを地域の相談支援の中核的機関として役割・機能を強化。設置を市町村の努力義務とする。

　○医療保護入院については現在、精神障害者本人の同意がない入院は家族らの同意が必要だが、改正法では、本人と疎遠になっているなどの理由で家族らが意思表示しなかった場合でも、市町村長の同意で入院できるようにする。

　等が行われる。

◆ 本法律の施行は2024年4月1日。

国連障害者権利委員会　初の対日審査が行われる

◆ 8月22、23日の両日、国際連合の障害者権利委員会は、障害者権利条約を批准した日本の取り組みに対する初の審査をスイス・ジュネーブで行った。

◆ 審査は「障害者の意思決定支援」「精神医療」「教育」の3つに重点が置かれている。

◆ 具体的には障害児の意見表明を支える仕組み、障害児が一般の児童と分離されずに教育を受ける仕組み、強制入院を禁止するタイミング、障害のある女性が女性であることによって複合的な差別を受けないようにする仕組みなどに質問が集中した。

◆ その後、国連障害者権利委員会は9月9日に日本政府に対し、総括所見（勧告）を出した。

障害者政策委員会　第5次障害者基本計画（案）取りまとめ

◆ 12月16日、内閣府は第74回障害者政策委員会において、第5次障害者基本計画（案）を取りまとめた。

- 本計画は2025年4月から5年間を対象期間としている。
- 今回の計画では、国におけるこれまでの主な取組の部分に、2022年5月の障害者による情報の取得及び利用並びに意思疎通に係る施策の推進に関する法律（障害者情報アクセシビリティ・コミュニケーション施策推進法）の成立により、障害者基本計画の策定や変更に当たっては同法の規定の趣旨をふまえることが追記されている。
- また、情報通信における情報アクセシビリティの向上においては関係省庁、地方公共団体、ボランティア団体等と連携し、デジタルに不慣れな方に対するサポートを行う「デジタル推進委員」の取組について、全国展開できるよう国民運動として更なる拡大を図りつつ、地域における相談体制の整備を図ることが盛り込まれた。
- その他、障害福祉サービスの質の向上等について、日常生活用具の給付・貸与については市町村の実施状況について情報収集を行い、品目や対象者、基準額などの見直しに資する効果的な取組について検討のうえ、市町村に発信することにより、地域の障害者のニーズをふまえた対応を促していくこととされた。

強度行動障害を有する者の地域支援体制に関する検討会（第1〜3回）

- 10月4日、厚生労働省は第1回強度行動障害を有する者の地域支援体制に関する検討会を開催した。
- 自閉症や知的障害の方で強度行動障害を有する者は、その特性に適した環境調整や支援が行われない場合には、本人の困り事が著しく大きくなって行動上の課題が引き起こされるため、適切な支援の継続的な提供が必要となる。現状では、障害福祉サービス事業所では受入が困難なために同居する家族にとって重い負担となることや、受け入れた事業所において適切な支援を提供することができず、意欲のある支援者が苦悩・疲弊し、本人の状態がさらに悪化するなどの実情もある。このような状況や社会保障審議会障害者部会報告書（2022年6月）における指摘をふまえ、強度行動障害を有する者の地域における支援体制の在り方、支援人材の育成・配置ついて本検討会が設置された。
- 主な検討事項については、下記のとおり。
  1. 強度行動障害を有する者の地域における支援体制の在り方についてどのように考えるか。
  2. 強度行動障害を有する者の支援人材の育成・配置
  3. 支援対象者の評価基準の在り方
- 今後、2022年11月〜2023年2月にかけて各検討課題について協議し、2月に論点整理、3月に最終的な報告書をとりまとめる予定としている。

「障害者総合支援法改正法施行後3年の見直しについて」報告書

- 6月13日、厚生労働省は第132回社会保障審議会障害者部会を開催し、「障害者総合支援法改正法施行後3年の見直しについて」の報告書案について協議が行われ、同日報告書が取りまとめられた。

◆ 今回の見直しの基本的な考え方は、障害者が希望する地域生活を実現する地域づくり、社会の変化等に伴う障害児・障害者のニーズへのきめ細かな対応、持続可能で質の高い障害福祉サービス等の実現とされている。

◆ 各論点として、「障害者の居住支援」「障害者の相談支援等」「障害者の就労支援」「精神障害者等に対する支援」「障害福祉サービス等の質の確保・向上」「制度の持続可能性の確保」「居住地特例」「高齢の障害者に対する支援」「障害者虐待の防止」「地域生活支援事業」「意思疎通支援」「療育手帳の在り方」「医療と福祉の連携」の13項目に整理されている。

地域で安心して暮らせる精神保健医療福祉体制の実現に向けた検討会報告書

◆ 6月9日、厚生労働省は「地域で安心して暮らせる精神保健医療福祉体制の実現に向けた検討会」を開催し、報告書を取りまとめた。

◆ 本報告書とりまとめにあたっては2021年10月から計13回の検討会が開催されてきた。

◆ 本報告書では、精神保健医療福祉上のニーズを有する人が地域で安心して暮らせる体制を実現するため、対応の方向性および今後の取り組みについて整理している。

障害者情報アクセシビリティ・コミュニケーション施策推進法が成立

◆ 5月19日、衆議院本会議で「障害者による情報の取得及び利用並びに意思疎通に係る施策の推進に関する法律案」（障害者情報アクセシビリティ・コミュニケーション施策推進法案）が全会一致で可決・成立した。

◆ 本法案は、すべての国民が障害の有無によって分け隔てられることなく、相互に人格と個性を尊重し合いながら共生する社会の実現に資するため、障害者による情報の取得及び利用並びに意思疎通に係る施策に関し、基本理念、国・地方公共団体等の責務、当該施策の基本となる事項を定めるもの。

◆ 国に法に基づく対応や財源確保を義務づけるとともに、事業者や国民にも協力や理解を深める努力義務を規定している。

◆ 本法律の施行は2022年5月25日。

障害者の日常生活及び社会生活を総合的に支援するための法律等の一部を改正する法律（概要）

改正の趣旨

障害者等の地域生活や就労の支援の強化等により、障害者等の希望する生活を実現するため、①障害者等の地域生活の支援体制の充実、②障害者の多様な就労ニーズに対する支援及び障害者雇用の質の向上の推進、③精神障害者の希望やニーズに応じた支援体制の整備、④難病患者及び小児慢性特定疾病児童等に対する適切な医療の充実及び療養生活支援の強化、⑤障害福祉サービス等、指定難病及び小児慢性特定疾病についてのデータベースに関する規定の整備等の措置を講ずる。

改正の概要

1．障害者等の地域生活の支援体制の充実【障害者総合支援法、精神保健福祉法】
① 共同生活援助（グループホーム）の支援内容として、一人暮らし等を希望する者に対する支援や退居後の相談等が含まれることを、法律上明確化する。
② 障害者が安心して地域生活を送れるよう、地域の相談支援の中核的役割を担う基幹相談支援センター及び緊急時の対応や施設等からの地域移行の推進を担う地域生活支援拠点等の整備を市町村の努力義務とする。
③ 都道府県及び市町村が実施する精神保健に関する相談支援について、精神障害者のほか精神保健に課題を抱える者も対象にできるようにするとともに、これらの者の心身の状態に応じた適切な支援の包括的な確保を旨とすることを明確化する。

2．障害者の多様な就労ニーズに対する支援及び障害者雇用の質の向上の推進【障害者総合支援法、障害者雇用促進法】
① 就労アセスメント（就労系サービスの利用意向がある障害者との協同による、就労ニーズの把握や能力・適性の評価及び就労開始後の配慮事項等の整理）の手法を活用した「就労選択支援」を創設するとともに、ハローワークはこの支援を受けた者に対して、そのアセスメント結果を参考に職業指導等を実施する。
② 雇用義務の対象外である週所定労働時間10時間以上20時間未満の重度身体障害者、重度知的障害者及び精神障害者に対し、就労機会の拡大のため、実雇用率において算定できるようにする。
③ 障害者の雇用者数で評価する障害者雇用調整金等における支給方法を見直し、企業が実施する職場定着等の取組に対する助成措置を強化する。

3．精神障害者の希望やニーズに応じた支援体制の整備【精神保健福祉法】
① 家族等が同意・不同意の意思表示を行わない場合にも、市町村長の同意により医療保護入院を行うことを可能とする等、適切に医療を提供できるようにするほか、医療保護入院の入院期間を定め、入院中の医療保護入院者について、一定期間ごとに入院の要件の確認を行う。
② 市町村長同意による医療保護入院者を中心に、本人の希望のもと、入院者の体験や気持ちを丁寧に聴くとともに、必要な情報提供を行う「入院者訪問支援事業」を創設する。また、医療保護入院者等に対して行う告知の内容に、入院措置を採る理由を追加する。
③ 虐待防止のための取組を推進するため、精神科病院において、従事者等への研修、普及啓発等を行うこととする。また、従事者による虐待を発見した場合に都道府県等に通報する仕組みを整備する。

4．難病患者及び小児慢性特定疾病児童等に対する適切な医療の充実及び療養生活支援の強化【難病法、児童福祉法】
① 難病患者及び小児慢性特定疾病児童等に対する医療費助成について、助成開始の時期を申請日から重症化したと診断された日に前倒しする。
② 各種療養生活支援の円滑な利用及びデータ登録の促進を図るため、「登録者証」の発行を行うほか、難病相談支援センターと福祉・就労に関する支援を行う者の連携を推進するなど、難病患者の療養生活支援や小児慢性特定疾病児童等自立支援事業を強化する。

5．障害福祉サービス等、指定難病及び小児慢性特定疾病についてのデータベース（DB）に関する規定の整備【障害者総合支援法、児童福祉法、難病法】
障害DB、難病DB及び小慢DBについて、障害福祉サービス等や難病患者等の療養生活の質の向上に資するため、第三者提供の仕組み等の規定を整備する。

6．その他【障害者総合支援法、児童福祉法】
① 市町村障害福祉計画に整合した障害福祉サービス事業者の指定を行うため、都道府県知事が行う事業者指定の際に市町村長が意見を申し出る仕組みを創設する。
② 地方分権提案への対応として居住地特例対象施設に介護保険施設を追加する。等

このほか、障害者総合支援法の平成30年改正の際に手当する必要があった同法附則第18条第2項の規定等について所要の規定の整備を行う。

施行期日

令和6年4月1日（ただし、2①及び5の一部は公布後3年以内の政令で定める日、3②の一部、5の一部及び6②は令和5年4月1日、4①及び②の一部は令和5年10月1日）

障害者や難病患者等が安心して暮らし続けることができる地域共生社会（イメージ）

○ 障害者や難病患者等が地域や職場で生きがい・役割を持ち、医療、福祉、雇用等の各分野の支援を受けながら、その人らしく安心して暮らすことができる体制の構築を目指す。このため、本人の希望に応じて、
　・施設や病院からの地域移行、その人らしい居宅生活に向けた支援の充実（障害者総合支援法関係、精神保健福祉法関係、難病法・児童福祉法関係）**総** **精** **難**
　・福祉や雇用が連携した支援、障害者雇用の質の向上（障害者総合支援法関係、障害者雇用促進法関係）**総** **雇**
　・調査・研究の強化やサービス等の質の確保・向上のためのデータベースの整備（難病法・児童福祉法関係、障害者総合支援法関係）**難** **総**
等を推進する。

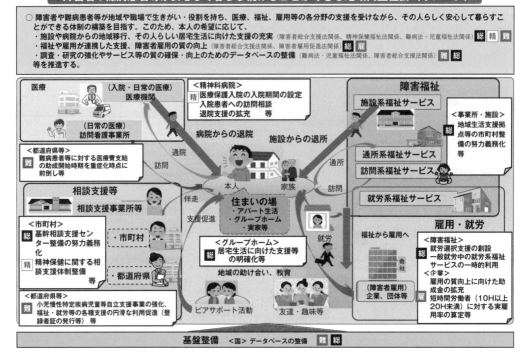

（出典：厚生労働省資料）

テーマ **7** 子ども・子育て 支援施策

政策POINT | すべてのこどもの健やかな成長に向けて〜こども家庭庁創設の準備

◉ 6月8日、改正児童福祉法が参議院本会議で可決され、成立した。

⇒本法では、市区町村にこども家庭センターの設置が努力義務化された。また、社会的養育経験者・障害児入所施設の入所児童等に対する自立支援の強化や一時保護開始時の判断に関する司法審査の導入等が改正される。（2024年4月1日施行）

◉ 6月15日、こども施策に関しての基本理念等を定めたこども基本法が成立した。本法では、国の責務等を明らかにし、こども施策の基本となる事項を定めるとともに、こども政策推進会議を設置すること等により、こども施策を総合的に推進することを目的としている。

また、基本理念においてすべてのこどもについて、個人として尊重され、その基本的人権が保障されることや、適切に教育されること及びその生活を保障されること、年齢及び発達の程度に応じて意見を表明する機会及び社会的活動に参画する機会が確保されること、またその意見が尊重されその最善の利益が優先して考慮されること等が明記された。

◉ 6月15日、こども家庭庁設置関連法及び関連法律の整備法が参議院本会議で可決され、成立した。2023年4月にこども家庭庁が創設される。

⇒こども政策の司令塔となり、「こどもまんなか社会」の実現をめざす総理直属の機関として内閣府の外局となる。

◉ 7月12日、内閣官房は、こども家庭庁が発足する2023年4月以降、速やかに指針の策定を進められるようにするため、「『就学前のこどもの育ちに係る基本的な指針』に関する有識者懇談会（座長：秋田喜代美　学習院大学文学部教授／東京大学名誉教授）」を設置した。

◉ 9月13日、内閣官房はこども施策に関する基本的な方針、重要事項を定め

る「こども大綱」の策定に向け「こども政策の推進に係る有識者会議」（座長：清家篤　日本赤十字社社長）を開催した。

◉ 10月12日、内閣府は緊急対策「こどものバス送迎・安全徹底プラン」をとりまとめ、公表した。

〈参考資料〉
◆ こども家庭庁設置法（概要）
◆ こども基本法（概要）
◆ 改正児童福祉法（概要）

こども家庭庁設置関連法成立

◆ 6月15日、こども家庭庁の設置関連法が参議院本会議で賛成多数で可決され、成立した。

◆ こども家庭庁は、こども政策の司令塔となり、「こどもまんなか社会」の実現をめざす。子どもや子育て当事者の意見を政策に反映させる。

◆ 組織体制は、「企画・立案総合調整部門」「成育部門」「支援部門」の3部門とし、総理直属の機関として内閣府の外局となる。

◆ 内閣府の子ども・若者育成支援及び子どもの貧困対策に関する事務や子ども・子育て本部が所掌する事務、厚生労働省の子ども家庭局が所掌する事務や障害児支援に関する事務、文部科学省の災害共済給付に関する事務などが移管される一方、幼稚園は文部科学省にとどまる。

◆ こども家庭庁は2023年4月に創設予定。

◆ 12月23日、こども家庭庁組織体制の概要が示された。

こども基本法成立

◆ 6月15日、こども施策に関しての基本理念を定めたこども基本法が成立した。

◆ 国の責務等を明らかにし、こども施策の基本となる事項を定めるとともに、こども政策推進会議を設置すること等により、こども施策を総合的に推進することを目的としている。

◆ 本法律において「こども」は、18歳等の年齢で区切らず「心身の発達の過程にある者」とされた。

◆ また、すべてのこどもについて、個人として尊重され、その基本的人権が保障されることや、適切に教育されること及びその生活を保障されること、年齢及び発達の程度に応じて意見を表明する機会及び社会的活動に参画する機会が確保されること、またその意見が尊重されその最善の利益が優先して考慮されること等が基本理念に明記された。

◆ 国はこうした基本理念に則りこども施策を総合的に策定し、及び実施する責務を有するとされた。

◆ 本法律の施行は2023年4月1日とし、施行後5年を目途として必要な方策について検討を加え、必要な措置を講じることとしている。

改正児童福祉法成立

◆ 6月8日、児童福祉法等の一部を改正する法律（改正児童福祉法）が参議院本会議で全会一致で可決され、成立した。

◆ 本法では、以下の内容等が改正される。
○市区町村にこども家庭センターの設置が努力義務化。

○社会的養育経験者・障害児入所施設の入所児童等に対する自立支援の強化（①児童自立生活援助の年齢による一律の利用制限を弾力化。社会的養育経験者等を通所や訪問等により支援する拠点を設置する事業を創設すること、②障害児入所施設の入所児童等が地域生活等へ移行する際の調整の責任主体（都道府県・政令市）を明確化するとともに、22歳までの入所継続を可能とすること）。

○一時保護開始時の判断に関する司法審査の導入（児童相談所が一時保護を開始する際に、親権者等が同意した場合等を除き、事前又は保護開始から7日以内に裁判官に一時保護状を請求する等の手続を設けること）。

○児童養護施設などで暮らす子どもや若者に対する自立支援について、原則18歳、最長でも22歳までとしてきた年齢制限を撤廃する。

○児童にわいせつ行為を行った保育士の資格管理の厳格化を行うとともにベビーシッター等に対する事業停止命令等の情報の公表や共有を可能とする。

○子ども家庭福祉の現場にソーシャルワークの専門性を十分に身につけた人材を早期に輩出するため、まずは、一定の実務経験のある有資格者や現任者について、国の基準を満たした認定機関が認定した研修等を経て取得する認定資格を導入する。

◆ 上記の認定資格の導入について、厚生労働省は7月28日に「子ども家庭福祉の認定資格の取得に係る研修等に関する検討会（座長：山縣文治　関西大学教授）」を設置し、研修カリキュラム等の検討を実施している。

◆ 施行日は2024年4月1日

こどものバス送迎・安全徹底プラン

◆ 10月12日、内閣府は緊急対策「こどものバス送迎・安全徹底プラン」をとりまとめた。

◆ 本プランの策定にあたっては、9月5日に静岡県で発生した園児が送迎用バスに取り残され死亡した事故を受けて、保育所、幼稚園、認定こども園および特別支援学校幼稚部におけるバス送迎に当たっての安全管理に関する具体的な対策等を示すため、「保育所、幼稚園、認定こども園及び特別支援学校幼稚部におけるバス送迎に当たっての安全管理の徹底に関する関係府省会議」を設置し、検討が行われてきた。

◆ 本プランにおける緊急対策の概要では、①所在確認や安全装置の装備の義務付け、②安全装置の仕様に関するガイドラインの作成、③安全管理マニュアルの作成、④早期の子どもの安全対策促進に向けた「こどもの安心・安全対策支援パッケージ」の4点を整理している。

◆ また、バス送迎に当たり、子どもの安全・確実な登園・降園のための安全管理の徹底に関するマニュアルとなる「こどものバス送迎・安全徹底マニュアル」も示された。

「こども大綱」策定に向けた検討

◆ 内閣官房は9月13日、「こども大綱」の策定に向け「こども政策の推進に係る有識者会議」（座長：清家篤　日本赤十字社社長）を開催した。

◆「こども大綱」は、6月15日に成立したこども基本法において策定が規定され、こども施策に関する基本的な方針、重要事項を定めるもの。

◆ 本有識者会議において2023年3月までに、こども大綱の検討に向けたこども家庭庁への申し送りをとりまとめ、その後内閣総理大臣を長とする「こども政策推進会議」においてこども大綱案の作成が進められる。

◆ 2023年秋ごろに閣議決定する予定。

「就学前のこどもの育ちに係る基本的な指針」に関する有識者懇談会

◆ 内閣官房は「就学前のこどもの育ちに係る基本的な指針」に関する有識者懇談会（座長：秋田喜代美　学習院大学文学部教授／東京大学名誉教授）を開催した。

◆ 本懇談会は、こども家庭庁の2023年4月発足に際し、政府内での取組を主導するための「就学前のこどもの育ちに係る基本的な指針（仮称）」の閣議決定に向けて、指針の素案を作成することを目的として開催された。

◆ 主な論点として、すべての就学前の子どもの育ちを保障すべく、子どもの育ちを支えるすべての大人が共有すべき内容、子どもの育ちを支える施設において共有すべき内容、未就園児の把握と支援の方策、家庭・地域における子育て支援の充実などが示されている。

◆ 2023年3月に指針素案を確定する予定。とりまとめた素案は、2023年4月以降、こども家庭審議会で議論される。

障害児通所支援に関する検討会

◆ 厚生労働省は、障害児通所支援に関する検討会（座長：田村和宏　立命館大学教授）を開催した。

◆ 本検討会は、6月8日に成立した「児童福祉法等の一部を改正する法律」をふまえ、同改正法の施行及びその他必要な事項について具体的に検討を行うため、2022年8月に設置された。

◆ 検討会では、下記の点について検討を行うこととしている。

　Ⅰ.「児童福祉法等の一部を改正する法律」（令和4年法律第66号）施行後の、児童発達支援センターの方向性について

　Ⅱ. 児童発達支援事業・放課後等デイサービスの「総合支援型（仮称）」と「特定プログラム特化型（仮称）」の方向性等について

　Ⅲ. 子ども・子育て一般施策への移行等について

　Ⅳ. 障害児通所支援の調査指標について

　Ⅴ. 障害児通所支援の質の向上について

◆ 2023年3月に報告書がとりまとめられる予定。

こども家庭庁設置法（概要）

趣旨

　こども（心身の発達の過程にある者をいう。以下同じ。）が自立した個人としてひとしく健やかに成長することのできる社会の実現に向け、子育てにおける家庭の役割の重要性を踏まえつつ、こどもの年齢及び発達の程度に応じ、その意見を尊重し、その最善の利益を優先して考慮することを基本とし、こども及びこどものある家庭の福祉の増進及び保健の向上その他のこどもの健やかな成長及びこどものある家庭における子育てに対する支援並びにこどもの権利利益の擁護に関する事務を行うとともに、当該任務に関連する特定の内閣の重要政策に関する内閣の事務を助けることを任務とするこども家庭庁を、内閣府の外局として設置することとし、その所掌事務及び組織に関する事項を定める。

概要

1．内閣府の外局として、こども家庭庁を設置

2．こども家庭庁の長は、こども家庭庁長官とする

3．こども家庭庁の所掌事務

（1）分担管理事務（自ら実施する事務）
- 小学校就学前のこどもの健やかな成長のための環境の確保及び小学校就学前のこどものある家庭における子育て支援に関する基本的な政策の企画及び立案並びに推進
- 子ども・子育て支援給付その他の子ども及び子どもを養育している者に必要な支援
- こどもの保育及び養護
- こどものある家庭における子育ての支援体制の整備
- 地域におけるこどもの適切な遊び及び生活の場の確保
- こども、こどものある家庭及び妊産婦その他母性の福祉の増進
- こどもの安全で安心な生活環境の整備に関する基本的な政策の企画及び立案並びに推進
- こどもの保健の向上
- こどもの虐待の防止
- いじめの防止等に関する相談の体制など地域における体制の整備
- こどもの権利利益の擁護（他省の所掌に属するものを除く）
- こども大綱の策定及び推進等

（2）内閣補助事務（内閣の重要政策に関する事務）
- こどもが自立した個人としてひとしく健やかに成長することのできる社会の実現のための基本的な政策に関する事項等の企画及び立案並びに総合調整
- 結婚、出産又は育児に希望を持つことができる社会環境の整備等少子化の克服に向けた基本的な政策に関する事項の企画及び立案並びに総合調整
- 子ども・若者育成支援に関する事項の企画及び立案並びに総合調整

4．資料の提出要求等
- こども家庭庁長官は、こども家庭庁の所掌事務を遂行するため必要があると認めるときは、関係行政機関の長に対し、資料の提出、説明その他の必要な協力を求めることができることとする

5．審議会等及び特別の機関
- こども家庭庁に、こども政策に関する重要事項等を審議するこども家庭審議会等を設置し、内閣府及び厚生労働省から関係審議会等の機能を移管するとともに、こども基本法の定めるところによりこども家庭庁に置かれる特別の機関は、内閣総理大臣を会長とするこども政策推進会議とする。

6．施行期日等
- 令和5年4月1日
- 政府は、この法律の施行後5年を目途として、小学校就学前のこどもに対する質の高い教育及び保育の提供その他のこどもの健やかな成長及びこどものある家庭における子育てに対する支援に関する施策の実施の状況を勘案し、これらの施策を総合的かつ効果的に実施するための組織及び体制の在り方について検討を加え、必要があると認めるときは、その結果に基づいて所要の措置を講ずるものとする

こども基本法（概要）

目 的

日本国憲法及び児童の権利に関する条約の精神にのっとり、次代の社会を担う全てのこどもが、生涯にわたる人格形成の基礎を築き、自立した個人としてひとしく健やかに成長することができ、こどもの心身の状況、置かれている環境等にかかわらず、その権利の擁護が図られ、将来にわたって幸福な生活を送ることができる社会の実現を目指して、こども施策を総合的に推進する。

基本理念

①全てのこどもについて、個人として尊重されること・基本的人権が保障されること・差別的取扱いを受けることがないようにすること

②全てのこどもについて、適切に養育されること・生活を保障されること・愛され保護されること等の福祉に係る権利が等しく保障されるとともに、教育基本法の精神にのっとり教育を受ける機会が等しく与えられること

③全てのこどもについて、年齢及び発達の程度に応じ、自己に直接関係する全ての事項に関して意見を表明する機会・多様な社会的活動に参画する機会が確保されること

④全てのこどもについて、年齢及び発達の程度に応じ、意見の尊重、最善の利益が優先して考慮されること

⑤こどもの養育は家庭を基本として行われ、父母その他の保護者が第一義的責任を有するとの認識の下、十分な養育の支援・家庭での養育が困難なこどもの養育環境の確保

⑥家庭や子育てに夢を持ち、子育てに伴う喜びを実感できる社会環境の整備

責務等

○国・地方公共団体の責務　○事業主・国民の努力

白書・大綱

○年次報告（法定白書）、こども大綱の策定
（※少子化社会対策/子ども・若者育成支援/子どもの貧困対策の既存の3法律の白書・大綱と一体的に作成）

基本的施策

○施策に対するこども・子育て当事者等の意見の反映
○支援の総合的・一体的提供の体制整備
○関係者相互の有機的な連携の確保
○この法律・児童の権利に関する条約の周知
○こども大綱による施策の充実及び財政上の措置等

こども政策推進会議

○こども家庭庁に、内閣総理大臣を会長とする、こども政策推進会議を設置
　①大綱の案を作成
　②こども施策の重要事項の審議・こども施策の実施を推進
　③関係行政機関相互の調整等
○会議は、大綱の案の作成に当たり、こども・子育て当事者・民間団体等の意見反映のために必要な措置を講ずる

附則

施行期日：令和5年4月1日
検討：国は、施行後5年を目途として、基本理念にのっとったこども施策の一層の推進のために必要な方策を検討

改正児童福祉法（概要）

児童福祉法等の一部を改正する法律（令和4年法律第66号）の概要

改正の趣旨

　児童虐待の相談対応件数の増加など、子育てに困難を抱える世帯がこれまで以上に顕在化してきている状況等を踏まえ、子育て世帯に対する包括的な支援のための体制強化等を行う。

改正の概要

1. **子育て世帯に対する包括的な支援のための体制強化及び事業の拡充【児童福祉法、母子保健法】**
   ①市区町村は、全ての妊産婦・子育て世帯・子どもの包括的な相談支援等を行うこども家庭センター（※）の設置や、身近な子育て支援の場（保育所等）における相談機関の整備に努める。こども家庭センターは、支援を要する子どもや妊産婦等への支援計画（サポートプラン）を作成する。
   ※子ども家庭総合支援拠点と子育て世代包括支援センターを見直し。
   ②訪問による家事支援、児童の居場所づくりの支援、親子関係の形成の支援等を行う事業をそれぞれ新設する。これらを含む家庭支援の事業について市区町村が必要に応じ利用勧奨・措置を実施する。
   ③児童発達支援センターが地域における障害児支援の中核的役割を担うことの明確化や、障害種別にかかわらず障害児を支援できるよう児童発達支援の類型（福祉型、医療型）の一元化を行う。

2. **一時保護所及び児童相談所による児童への処遇や支援、困難を抱える妊産婦等への支援の質の向上【児童福祉法】**
   ①一時保護所の設備・運営基準を策定して一時保護所の環境改善を図る。児童相談所による支援の強化として、民間との協働による親子再統合の事業の実施や、里親支援センターの児童福祉施設としての位置づけ等を行う。
   ②困難を抱える妊産婦等に一時的な住居や食事提供、その後の養育等に係る情報提供等を行う事業を創設する。

3. **社会的養育経験者・障害児入所施設の入所児童等に対する自立支援の強化【児童福祉法】**
   ①児童自立生活援助の年齢による一律の利用制限を弾力化する。社会的養育経験者等を通所や訪問等により支援する拠点を設置する事業を創設する。
   ②障害児入所施設の入所児童等が地域生活等へ移行する際の調整の責任主体（都道府県・政令市）を明確化するとともに、22歳までの入所継続を可能とする。

4. **児童の意見聴取等の仕組みの整備【児童福祉法】**
   児童相談所等は入所措置や一時保護等の際に児童の最善の利益を考慮しつつ、児童の意見・意向を勘案して措置を行うため、児童の意見聴取等の措置を講ずることとする。都道府県は児童の意見・意向表明や権利擁護に向けた必要な環境整備を行う。

5. **一時保護開始時の判断に関する司法審査の導入【児童福祉法】**
   児童相談所が一時保護を開始する際に、親権者等が同意した場合等を除き、事前又は保護開始から7日以内に裁判官に一時保護状を請求する等の手続を設ける。

6. **子ども家庭福祉の実務者の専門性の向上【児童福祉法】**
   児童虐待を受けた児童の保護等の専門的な対応を要する事項について十分な知識・技術を有する者を新たに児童福祉司の任用要件に追加する。
   ※当該規定に基づいて、子ども家庭福祉の実務経験者向けの認定資格を導入する。
   ※認定資格の取得状況等を勘案するとともに、業務内容や必要な専門知識・技術、教育課程の明確化、養成体制や資格取得者の雇用機会の確保、といった環境を整備しつつ、その能力を発揮して働くことができる組織及び資格の在り方について、国家資格を含め、施行後2年を目途として検討し、その結果に基づいて必要な措置を講ずる。

7. **児童をわいせつ行為から守る環境整備（性犯罪歴等の証明を求める仕組み（日本版DBS）の導入に先駆けた取組強化）等【児童福祉法】**
   児童にわいせつ行為を行った保育士の資格管理の厳格化を行うとともに、ベビーシッター等に対する事業停止命令等の情報の公表や共有を可能とするほか、児童福祉施設等の運営について、国が定める基準に従い、条例で基準を定めるべき事項に児童の安全の確保を加えるなど所要の改正を行う。

施行期日

令和6年4月1日（ただし、5は公布後3年以内で政令で定める日、7の一部は公布後3月を経過した日、令和5年4月1日又は公布後2年以内で政令で定める日）

8 生活困窮・生活保護施策

政策POINT

生活困窮者自立支援制度及び生活保護制度の見直し
に関するこれまでの議論の中間まとめが整理される

- ◎ 4月22日、厚生労働省は、生活保護制度に関する国と地方の実務者協議において「生活保護制度に関する国と地方の実務者協議 これまでの議論の整理について」をとりまとめた。

- ◎ 4月26日、厚生労働省は生活困窮者自立支援のあり方等に関する論点整理のための検討会ワーキンググループにおいて「生活困窮者自立支援のあり方に関する論点整理」をとりまとめた。

- ◎ 6月3日、厚生労働省は「生活困窮者自立支援のあり方に関する論点整理」および「生活保護制度に関する国と地方の実務者協議 これまでの議論の整理について」をふまえ、第14回社会保障審議会生活困窮者自立支援及び生活保護部会より、生活困窮者自立支援制度及び生活保護制度の見直しについて協議を開始した。

- ◎ 12月9日、厚生労働省は社会保障審議会生活保護基準部会報告書を取りまとめた。
  ⇒過去の生活保護基準見直しの影響分析を行ったうえで、生活扶助基準の水準等の妥当性の検証について報告が行われている。

- ◎ 12月20日、厚生労働省は社会保障審議会生活困窮者自立支援及び生活保護部会において、「生活困窮者自立支援制度及び生活保護制度の見直しに関するこれまでの議論の整理（中間まとめ）」を公表した。

〈参考資料〉
- ◆ 生活困窮者自立支援制度及び生活保護制度の見直しに関するこれまでの議論の整理（中間まとめ）の主なポイント
- ◆ 孤独・孤立対策の重点計画（概要）

「生活保護制度に関する国と地方の実務者協議 これまでの議論の整理について」とりまとめ

◆ 4月22日、厚生労働省は「生活保護制度に関する国と地方の実務者協議におけるこれまでの議論の整理」を公表した。

◆ 本整理は生活保護制度の見直しの検討にあたり、2021年11月より6回にわたって行われてきた「生活保護制度に関する国と地方の実務者協議」でのこれまでの議論をまとめたもの。

◆ とりまとめでは、以下の9つの項目についてこれまでの現状と具体的な議論の内容について整理されている。
1. 現下の経済社会状況をふまえた生活保護制度による支援の在り方について
2. 関係機関と連携した包括的な自立支援について
3. 就労支援等について
4. 子どもの貧困対策について
5. 被保護者健康管理支援事業及び医療扶助について
6. 居住支援について
7. 事務負担の軽減について
8. 生活保護費の適正支給の確保策等について
9. 生活保護基準における級地区分について

「生活困窮者自立支援のあり方等に関する論点整理」とりまとめ

◆ 4月26日、厚生労働省は生活困窮者自立支援のあり方等に関する論点整理のための検討会にてとりまとめられた「生活困窮者自立支援のあり方等に関する論点整理」を公表した。

◆ 本論点整理は、生活困窮者自立支援法の施行後5年（2023年）を目途として、施行状況について検討を加え、その結果に基づいて所要の措置を講ずることとされていること、また新型コロナウイルス感染症の感染拡大の長期化に伴い、生活困窮者支援においては、支援対象者像の変化や支援ニーズの多様化などの新たな課題が表面化しており、こうした課題に対する制度的な対応も求められていることをふまえて行われたもの。

◆ 整理にあたって厚生労働省は、社会保障審議会での議論の前段として、今後の生活困窮者自立支援のあり方等について論点整理を行うため、「生活困窮者自立支援のあり方等に関する論点整理のための検討会」及びその下に「生活困窮者自立支援のあり方等に関する論点整理のための検討会ワーキンググループ」を開催し検討を行ってきた。（2021年10月から2022年4月まで全11回開催。）

◆ 本論点整理では、「生活困窮者自立支援のあり方」「自立相談支援のあり方」「就労支援のあり方」「家計改善支援のあり方」「居住支援のあり方」「貧困の連鎖防止等」「生活保護制度との連携のあり方」「自立支援に関する諸課題」「支援を行う枠組み」の9項目について「現状の評価と課題」及び「主な論点」を整理している。

社会保障審議会生活保護基準部会報告書

◆ 12月9日、厚生労働省は社会保障審議会生活保護基準部会報告書をとりまとめた。

◆ 今回のとりまとめは、5年に1度実施される全国家計構造調査（旧 全国消費実態調査）の 2019 年調査の結果が取りまとまったことを受け、同調査のデータ等を用いた生活扶助基準の検証の実施や、 2017年の本部会報告書において検討課題とされていた事項および、「生活保護基準の新たな検証手法の開発等に関する検討会」における2021年の「これまでの議論をふまえた検討課題と論点整理」をふまえつつ、整理されている。

◆ とりまとめでは、過去の生活保護基準見直しの影響分析を行ったうえで、生活扶助基準の水準等の妥当性の検証について報告が行われている。

◆ また、生活保護基準の体系に関する検証において、2021年9月にまとめられた生活保護基準における級地区分の検証の分析結果が改めて掲載されている。

社会保障審議会生活困窮者自立支援及び生活保護部会中間まとめ

◆ 12月20日、厚生労働省は生活困窮者自立支援制度及び生活保護制度の見直しに関するこれまでの議論の整理（中間まとめ）を公表した。

◆ 基本的な考え方として、「地域共生社会」の理念をふまえつつ、「平成30年改正等による両制度の発展と課題への対応」「新型コロナウイルス感染症感染拡大による生活困窮への対応もふまえた課題への対応」の２つの観点から、これまでの主な議論を中間的に整理している。

◆ また、各論として「自立相談支援等のあり方」「就労・家計改善支援のあり方」「子どもの貧困への対応」「居住支援のあり方」「医療扶助等」「両制度の連携」について整理している。（以下は各論における主な項目）

　○「就労・家計改善支援のあり方」

　　・生活困窮者の自立に向けた相談支援機能を強化するため、就労準備支援事業・家計改善支援事業の必須事業化を検討

　○「居住支援のあり方」

　　・現行のシェルター事業の対象外の生活困窮者を含め、緊急一時的な居所確保のための支援ができるよう検討

　　・地域居住支援事業について、シェルター事業を実施しなくても実施できるように運用を改善

　　・シェルター事業又は地域居住支援事業の少なくとも一方の実施を努力義務化することを検討

　○「両制度の連携」

　　・生活保護世帯への支援や制度間のつながりを確保する観点から、生活困窮者自立支援制度の就労・家計・住まいに関する事業を被保護者も利用できる仕組みを検討

◆ 今後の方向性として「法制上の措置が必要な事項は、現段階におけるこの整理の方向性もふまえながら、制度化に向けた実務的な検討や自治体・関係省庁との調整等を進め、結論が得られた事項について対応するとともに、運用で対応できる事項については可能なものから順次対応していくなど必要な対応を講じていくべき」と整理している。

孤独・孤立対策の重点計画改定

◆ 12月26日、内閣官房は改定した孤独・孤立対策の重点計画を公表した。

◆ 本計画については、毎年度、各施策の実施状況を評価・検証し、毎年度を基本としつつ必要に応じて計画全般の見直しを検討することとなっている。

◆ 改定にあたっては、これまで「孤独・孤立対策推進会議」および「孤独・孤立対策の重点計画に関する有識者会議」において検討が進められてきた。

◆ 今回の改定では、孤独・孤立対策の基本理念において、「新型コロナウイルス感染拡大収束後も、社会に内在する孤独・孤立の問題に対し、政府として必要な施策を着実に実施する」ことや、「日常生活の場である地域など社会のあらゆる分野に孤独・孤立対策の視点を入れ、（中略）人と人との『つながり』をそれぞれの選択の下で緩やかに築けるような社会環境づくりを目指す」こと等が追加された。

◆ また、孤独・孤立対策の更なる推進・強化として、「孤独・孤立に至っても支援を求める声を上げやすい社会とする」「状況に合わせた切れ目のない相談支援につなげる」「見守り・交流の場や居場所を確保し、人と人との『つながり』を実感できる地域づくりを行う」「孤独・孤立対策に取り組むNPO等の活動をきめ細かく支援し、官・民・NPO等の連携を強化する」といったことが記載された。

生活困窮者自立支援制度及び生活保護制度の見直しに関するこれまでの議論の整理（中間まとめ）の主なポイント

社会保障審議会生活困窮者自立支援及び生活保護部会（令和4年12月20日）

Ⅰ 基本的な考え方

- 社会福祉の共通理念である**「地域共生社会」の理念**を踏まえつつ、「平成30年改正等による両制度の発展と課題への対応」、「新型コロナウイルス感染症感染拡大による生活困窮への対応も踏まえた課題への対応」の2つの観点から、これまでの主な議論を**中間的に整理**。
- この中には、制度化する上でその前提となる具体的な内容や実務上の検討を要するもの等、様々なものが含まれている。
- 今後、**法制上の措置が必要な事項**は、現段階におけるこの整理の方向性も踏まえながら、**制度化に向けた実務的な検討や自治体・関係省庁との調整等を進め、結論が得られた事項について対応**するとともに、**運用で対応できる事項**については**可能なものから順次対応**していくなど必要な対応を講じていくべき。

Ⅱ 各論

1．自立相談支援等のあり方

- 生活困窮者に係る関係機関の連携・情報共有促進のための**支援会議の設置の努力義務化**を検討
- 関係機関間の役割分担を明確化し、多様で複雑な課題を抱える**被保護者の援助に関する計画を作成**できるようにすること、計画作成を始めとする**支援の調整等のための会議体を設置**できるようにすることを検討

2．就労・家計改善支援のあり方

- 生活困窮者の自立に向けた相談支援機能を強化するため、**就労準備支援事業・家計改善支援事業の必須事業化**を検討

3．子どもの貧困への対応

- 生活保護受給中の**子育て世帯**に対し、**訪問等のアウトリーチ型手法**による学習環境の改善、進路選択、奨学金の活用等に関する**相談・助言を行う事業の実施**を検討
- **就労自立給付金**の対象を、**高卒で就職し1人暮らしのために世帯から独立する者等へ拡大**することを検討
- 大学進学後の生活費の支援は、生活保護の枠組みにとらわれず、修学支援新制度等の教育政策の中で幅広く検討すべき課題であり、大学生に対する生活保護の適用は慎重な検討が必要

4．居住支援のあり方

- 現行のシェルター事業の対象外の生活困窮者を含め、**緊急一時的な居所確保のための支援**ができるよう検討
- **地域居住支援事業**（入居支援・見守り支援等）について、シェルター事業を実施しなくても実施できるように**運用を改善**
- シェルター事業又は地域居住支援事業の少なくとも一方の実施を**努力義務化**することを検討
- **住居確保給付金**について、職業訓練受講給付金との併給等の**新型コロナウイルス感染症への特例措置の一部恒久化**することを検討（このほか、再支給、自営業者等への求職活動要件、児童扶養手当等の特定目的の給付の収入算定のあり方等についても検討）
- **無料低額宿泊所に係る事前届出義務違反の場合に罰則を設ける**ことを検討

5．医療扶助等

- **都道府県が、市町村に対し、医療扶助・健康管理支援事業の実施に関して広域的な観点から、データ分析や取組目標の設定・評価等に係る助言・援助等を行う**ことを検討

6．両制度の連携

- 生活保護世帯への支援や制度間のつながりを確保する観点から、**生活困窮者自立支援制度の就労・家計・住まいに関する事業を被保護者も利用できる仕組み**を検討

孤独・孤立対策の重点計画（概要）

孤独・孤立対策の重点計画改定のポイント

孤独・孤立対策の基本理念等を追加

○今後、**単身世帯や単身高齢世帯の増加**が見込まれる中で、**孤独・孤立の問題の深刻化**が懸念される
　新型コロナウイルス感染拡大が収束したとしても、**社会に内在する孤独・孤立の問題**に対し、**政府として必要な施策を着実に実施**
○**人と人との「つながり」**を実感できることは、孤独・孤立の問題の解消にとどまらず、**社会関係資本の充実にも資する**という考え方の下で、施策を推進
　※　国連の「世界幸福度報告」によると、近年、我が国は「社会的支援（困った時にいつでも頼れる友人や親戚はいるか）」など社会関係資本に関連する指標がG7の中で下位グループに位置している
○**日常生活の場である地域など社会のあらゆる分野に孤独・孤立対策の視点を入れ、**すべての人のために、広く多様な主体が関わりながら、**人と人との「つながり」をそれぞれの選択の下で緩やかに築けるような社会環境づくりを目指す**

孤独・孤立対策の更なる推進・強化

(1)孤独・孤立に至っても支援を求める声を上げやすい社会とする
○孤独・孤立の**実態把握**を推進【孤独・孤立の実態把握、こども・若者の行動・意識に関する実態把握、在外邦人の実態把握等】
○令和3年実態調査結果を踏まえ、**「予防」の観点からの施策**を推進
○孤独・孤立への理解や機運醸成のため、**周りの方が当事者への気づきや対処をできるための環境整備等**を推進
　孤独・孤立対策官民連携プラットフォーム分科会の検討成果に沿って具体的な取組を進める【声を上げやすい・声をかけやすい環境整備等】

(2)状況に合わせた切れ目のない相談支援につなげる
○**一元的な相談支援体制、相談と支援をつなぐ体制の本格実施に向けた環境整備**に取り組む【統一的な相談支援体制の推進】

(3)見守り・交流の場や居場所を確保し、人と人との「つながり」を実感できる地域づくりを行う
○日常の様々な分野における緩やかな「つながり」を築けるような多様な「居場所」づくりや「居場所」の「見える化」、市民の自主的な活動やボランティア活動を推進【地域における孤独・孤立対策のモデル構築、こどもの居場所づくりに対する効果的な支援方法等の検討、スポーツに誰もがアクセスできる環境の整備充実等】

(4)孤独・孤立対策に取り組むNPO等の活動をきめ細かく支援し、官・民・NPO等の連携を強化する
○**地方における連携プラットフォームの形成に向けた環境整備（「水平型連携」を目指す）**【地域における孤独・孤立対策官民連携プラットフォームの整備の推進】
○官・民の連携基盤の形成に当たって、**官・民の取組の裾野を広げ、**連携に参画する**民の主体の多元化**を図る
　民間企業が事業活動を通じて孤独・孤立対策に資する取組を行う形で**連携に参画**を推進【孤独・孤立対策官民連携プラットフォームの運営】

孤独・孤立対策の重点計画概要①

孤独・孤立対策の現状、政府の取組

○職場・家庭・地域で人々が関わり合い支え合う機会の減少　→　「生きづらさ」や孤独・孤立を感じざるを得ない状況を生む社会へ変化
○新型コロナ感染拡大後、交流・見守りの場、相談支援を受ける機会の喪失等　→　社会に内在していた孤独・孤立の問題が顕在化・深刻化
○単身世帯や単身高齢世帯の増加が見込まれる中で、孤独・孤立の問題の深刻化が懸念
　→　新型コロナ感染拡大が収束したとしても、**社会に内在する孤独・孤立の問題**に対し、政府として必要な施策を着実に実施

孤独・孤立対策の基本理念

(1)孤独・孤立双方への社会全体での対応
○孤独・孤立は、
　・人生のあらゆる場面で誰にでも起こり得るもの
　・当事者個人の問題ではなく、社会環境の変化により孤独・孤立を感じざるを得ない状況に至ったもの
　・当事者の自助努力に委ねられるべき問題ではなく、社会全体で対応しなければならない問題
　・心身の健康面への深刻な影響や経済的な困窮等の影響も懸念
○「孤独」は主観的概念、ひとりぼっちと感じる精神的な状態
　「孤立」は客観的概念、社会とのつながりのない/少ない状態
　当事者や家族等の状況は多岐にわたり、孤独・孤立の感じ方・捉え方も人によって多様
○孤独・孤立の一律の定義で所与の枠内で取り組むのではなく、孤独・孤立双方を一体として捉え、多様なアプローチや手法により対応
○当事者等が「望まない孤独」と「孤立」を対象として取り組む
○孤独・孤立の問題やさらなる問題に至らないようにする「予防」の観点が重要。
　「孤独・孤立に悩む人を誰ひとり取り残さない社会」、「誰もが自己存在感・自己有用感を実感できるような社会」「相互に支え合い、人と人との「つながり」が生まれる社会」を目指して取り組む
　令和3年実態調査結果を踏まえた「予防」の観点の施策を推進

(2)当事者や家族等の立場に立った施策の推進
○孤独・孤立の問題は、人生のどの場面で発生したかや当事者の属性・生活環境によって多様。当事者のニーズ等も多様
○まずは当事者の目線や立場に立って、当事者の属性・生活環境、多様なニーズや配慮すべき事情等を理解した上で施策を推進
　その時々の当事者の目線や立場に立って、切れ目なく息の長い、きめ細かな施策を推進孤独・孤立の問題を抱える当事者の家族等も含めて支援する観点から施策を推進

(3)人と人との「つながり」を実感できるための施策の推進
○当事者や家族等が相談できる誰かや信頼できる誰かと対等につながる形で人と人との「つながり」を実感できることが重要。このことは孤独・孤立の問題の解消にとどまらず、ウェルビーイングの向上や社会関係資本の充実にも資するとの考え方で施策を推進
　日常生活の場である地域など社会のあらゆる分野に孤独・孤立対策の視点を入れ、すべての人のために、広く多様な主体が関わりながら、人と人との「つながり」をそれぞれの選択の下で緩やかに築けるような社会環境づくりを目指す
○地域によって社会資源の違いがある中で、実態調査結果を活用して、行政・民間の各種施策・取組について有機的に連携・充実
○行政機関（特に基礎自治体）において、既存の取組も活かして、分野横断的な対応が可能となる対策推進体制を整備。社会福祉協議会や住民組織との協力、NPO等との連携・協働により施策を展開

孤独・孤立対策の重点計画概要②

孤独・孤立対策の基本方針　※基本方針の柱ごとに具体的施策(現状、課題、目標、対策)を掲載

(1)孤独・孤立に至っても支援を求める声を上げやすい社会とする

①孤独・孤立の実態把握
・孤独・孤立の実態把握、データや国際比較、学術研究の蓄積等を推進
・令和3年実態調査結果を踏まえ、「予防」の観点から施策を推進

②支援情報が網羅されたポータルサイトの構築、タイムリーな情報発信
・継続的・一元的な情報発信、各種支援施策につなぐワンストップの相談窓口、プッシュ型の情報発信等

③声を上げやすい・声をかけやすい環境整備
・「支援を求める声を上げることは良いこと」等の理解・機運を醸成し、当事者や周りの方が声を上げやすくなり支援制度を知ることができるよう、情報発信・広報・普及啓発、制度の検証、幼少期からの「共に生きる力」を育む教育や豊かな人間関係づくり、周りの方が当事者への気づきや対処をできるための環境整備を推進
・官民連携プラットフォーム分科会1の検討成果に沿って具体的取組を進める

(2)状況に合わせた切れ目のない相談支援につなげる

①相談支援体制の整備(電話・SNS相談の24時間対応の推進等)
・包括的な相談支援（各種相談支援制度等の連携）、多元的な相談支援（24時間対応の相談等）、発展的な相談支援（多様な人が関わり専門職も強みを発揮）を推進
・一元的な相談支援体制、相談と支援をつなぐ体制の本格実施に向けた環境整備に取り組む

②人材育成等の支援
・孤独・孤立に係る相談支援に当たる人材の確保、育成及び資質の向上、相談支援に当たる人材への支援を推進

(3)見守り・交流の場や居場所を確保し、人と人との「つながり」を実感できる地域づくりを行う

①居場所の確保
・日常の様々な分野における緩やかな「つながり」を築けるような多様な各種の「居場所」づくりや「居場所」の「見える化」、市民の自主的な活動やボランティア活動を推進

②アウトリーチ型支援体制の構築
・当事者や家族等の意向・事情に配慮したアウトリーチ型の支援を推進

③保険者とかかりつけ医等の協働による加入者の予防健康づくりの推進等
・いわゆる「社会的処方」の活用、公的施設等を活用する取組や情報発信

④地域における包括的支援体制の推進
・地域の関係者が連携・協力し、分野横断的に当事者を中心に置いた包括的支援体制
・小学校区等の地域の実情に応じた単位で人と人との「つながり」を実感できる地域づくり、地域の関係者が孤独・孤立について理解を深めるための環境整備

(4)孤独・孤立対策に取り組むNPO等の活動をきめ細かく支援し、官・民・NPO等の連携を強化する

①孤独・孤立対策に取り組むNPO等の活動へのきめ細かな支援
②NPO等との対話の推進
③連携の基盤となるプラットフォームの形成
・全国的なプラットフォームの活動を促進
・地方のプラットフォームの形成に向けた環境整備（「水平型連携」を目指す）
・官・民の取組の裾野を広げ、連携に参画する民の主体の多元化を図る
・民間企業が事業活動を通じて孤独・孤立対策の取組を行う形で連携に参画を推進

④行政における孤独・孤立対策の推進体制の整備

孤独・孤立対策の施策の推進

〇本計画は、今後重点的に取り組む孤独・孤立対策の具体的施策をとりまとめ。関係府省は、各施策の目標達成に向けて着実に取組を進める。

〇政府の孤独・孤立対策は、本計画の基本理念・基本方針に基づき、関係府省及びNPO等が連携して幅広い具体的取組を総合的に実施。関係府省において、各々の所管施策に孤独・孤立対策の視点を組み入れ、事業の使いやすさの改善に努め、事業展開にさらなる検討を加えていく。特に、孤独・孤立対策に取り組むNPO等の活動への支援については、当面、令和3年3月の緊急支援策で実施した規模・内容について、強化・拡充等を検討しつつ、各年度継続的に支援を行っていく。

〇実態調査結果を踏まえ、また、データ分析を推進し、データや国際比較、学術研究も利活用して、毎年度、本計画の各施策の実施状況を評価・検証し、評価・検証の指標を検討。毎年度を基本としつつ必要に応じて計画全般の見直しを検討。これらは「孤独・孤立対策推進会議」「有識者会議」で審議等。

政策POINT | 困難な問題を抱える女性への支援に向けて

- ◎ 5月19日、「困難な問題を抱える女性への支援に関する法律」が衆議院本会議で可決、成立した。（2024年4月1日施行）
  ⇒売春防止法を根拠とした従来の枠組みでの対応は限界が生じていること等をふまえ、困難な問題を抱える女性を包括的に支援するもの。

- ◎ 11月7日、厚生労働省は困難な問題を抱える女性への支援に係る基本方針等に関する有識者会議を設置した。
  ⇒5月19日に成立した「困難な問題を抱える女性への支援に関する法律」において、国は都道府県及び市町村が策定することとなる「困難な問題を抱える女性への支援のための施策の実施に関する基本計画」の指針となるべきものを定めることとされていることから、基本方針案等について検討する。

〈参考資料〉
◆ 困難な問題を抱える女性への支援に関する法律のポイント

「困難な問題を抱える女性への支援に関する法律」成立

◆ 5月19日、困難な問題を抱える女性への支援に関する法律が衆議院本会議で全会一致で可決、成立した。(2024年4月1日施行)

◆ 本法律は、女性が抱える困難な問題は、近年、複雑・多様化、かつ、複合的なものとなっており、売春防止法を根拠とした従来の枠組みでの対応は限界が生じていること等をふまえ、困難な問題を抱える女性を包括的に支援するもの。

◆ 新たな法律では
　○基本理念に「女性の福祉の増進」「人権の擁護」「男女平等」を規定
　○国は女性支援の「基本方針」を策定し、都道府県は基本方針に即し「基本計画」を策定。市町村の計画策定は努力義務。
　○自治体と民間団体の協働による新たな支援の枠組みを構築。
　○婦人保護事業の「婦人相談所」「婦人保護施設」等は「女性相談支援センター」「女性自立支援施設」等に名称を変更し新法に移行としている。

困難な問題を抱える女性への支援に係る基本方針等に関する有識者会議を設置

◆ 11月7日、厚生労働省は「困難な問題を抱える女性への支援に係る基本方針等に関する有識者会議」を設置した。

◆ 本会議は、2022年5月に公布、2024年4月1日から施行となる「困難な問題を抱える女性への支援に関する法律」について、国は、都道府県及び市町村が策定することとなる「困難な問題を抱える女性への支援のための施策の実施に関する基本計画」の指針となるべきものを定めることとされていることから、この基本方針案等について検討すること等を目的とするもの。

◆ 11月7日に開催された第1回会議では基本方針の骨子案について以下のとおり示された。

◆ 令和4年度内の報告書とりまとめに向け、検討が進められている。
　○はじめに
　　1　方針のねらい（新法成立に至った経緯や、女性が直面する困難と支援制度の必要性）
　　2　方針の対象期間
　○第1　困難な問題を抱える女性への支援に関する基本的な事項
　　1〜7　婦人保護事業の現状（婦人相談所、婦人相談員、婦人保護施設）
　○第2　困難な問題を抱える女性への支援のための施策の内容に関する事項
　　1　基本理念、施策の対象者
　　2　国、都道府県、市町村の役割分担と連携
　　3　支援の基本的な考え方
　　4　支援主体
　　　(1) 女性相談支援センター、(2) 女性相談支援員、(3) 女性自立支援施設、

(4) 民間団体等、(5) その他関係機関

5　支援の内容

　(1) 早期発見・アウトリーチ、(2) 相談支援、(3) 被害回復支援、(4) 一時保護

　(5) 同伴児童等への支援、(6) 自立支援、(7) アフターケア、(8) 教育・啓発

6　支援の体制

　(1) 三機関の連携体制、(2) 民間団体との連携体制、

　(3) 関係機関との連携体制

　(4) 配偶者暴力防止法に基づく施策との関係性

7　支援調整会議

8　人材育成

9　調査研究等の推進

10　基本方針の見直し

○第3　都道府県等が策定する基本計画の指針となるべき基本的な事項

1　計画策定に向けた手続

　　（計画の期間、他の計画との関係、計画策定前の地域における課題把握、関係
　　者や関係団体等からの意見聴取等）

2　計画に関する評価と公表

3　基本計画に盛り込むべき施策（第2で定める内容に沿って作成）

　(1) 困難な問題を抱える女性への支援に関する基本的な方針

　(2) 困難な問題を抱える女性への支援のための施策内容に関する事項

　(3) その他困難な問題を抱える女性への支援のための施策の実施に関する重要事項

困難な問題を抱える女性への支援に関する法律のポイント

■女性をめぐる課題は生活困窮、性暴力・性犯罪被害、家庭関係破綻など複雑化、多様化、複合化。コロナ禍によりこうした課題が顕在化し、「孤独・孤立対策」といった視点も含め、新たな女性支援強化が喫緊の課題。
■こうした中、困難な問題を抱える女性支援の根拠法を「売春をなすおそれのある女子の保護更生」を目的とする売春防止法から脱却させ、先駆的な女性支援を実践する「民間団体との協働」といった視点も取り入れた新たな支援の枠組みを構築。

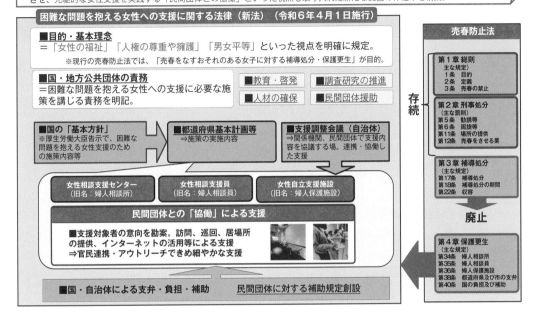

（出典：厚生労働省資料）

政策POINT | 質の高い被災者支援の仕組みづくりに向けて被災者支援のあり方の検討が始まる

◉ 内閣府は、被災者支援に関する制度や取組の現状をふまえ、より効率的で質の高い被災者支援の仕組みづくりについて、中長期的な検討を行うことを目的として、5月19日に被災者支援のあり方検討会（座長：鍵屋一跡見学園女子大学教授）を設置した。

◉ 11月までに4回の検討会を開催し、これまでの議論を「当面対応すべき事項」と「中長期的に検討を要する事項」に分類した上で、「被災者支援に係るメニューの充実」と「被災者支援に係る体制の構築・強化」の2つの観点から整理を行っている。

被災者支援のあり方検討会を開催

◆ 内閣府は、2022年5月19日に「第1回被災者支援のあり方検討会（座長：鍵屋一　跡見学園女子大学教授）」を開催した。

◆ 本検討会は被災者支援に関する制度や取組の現状をふまえ、より効率的で質の高い被災者支援の仕組みづくりについて、中長期的な検討を行うことを目的として設置された。

◆ これまで計4回の検討会が開催され、10月18日に行われた第4回検討会では、第1回から第3回の検討会での意見や提案を整理した「委員の意見・提案のまとめ（案）」について協議が行われた。

◆ まとめ（案）では、冒頭「はじめに」において下記のとおり示された。

　〇近年、わが国の災害は激甚化・頻発化しており、また、首都直下地震や南海トラフ巨大地震、日本海溝・千島海溝周辺海溝型地震などの大規模地震の発生も懸念されている。

　〇大規模災害の場合には、まずは、多くの生命を守るために迅速な避難実施、安否確認、必要物資の確保等に万全を期す必要がある。また、被災後、折角守られた生命が避難生活や仮住まいでの生活等の中で失われる災害関連死をできる限り減らしていくことも重要であり、避難生活環境の整備、被災者支援業務等にも早急に取り組む必要がある。

　〇これらの課題に対応するためには、被災後の避難生活において、行政、民間、地域そして被災者自身も含め、社会全体で協働し、被災者の尊厳に配慮しつつ、生命や生活が守られるよう、取り組むことが必要である。その際、被災者個々の事情から生ずる多様なニーズへの配慮も不可欠である。

　〇こうした基本的な考え方のもと、本検討会では議論を進めてきた。第1回から第3回の検討会において、各委員より、主に被災者側の支援ニーズの観点から、様々な意見・提案があった。このため、これらを「当面対応すべき事項」と「中長期的に検討を要する事項」に分類した上で、「被災者支援に係るメニューの充実」と「被災者支援に係る体制の構築・強化」の2つの観点から整理した。

　〇一方で、今後、各意見や提案について、その実現可能性を検討していくにあたっては基本的な考え方や国・自治体の財政上のあり方や人的リソースの確保方策に加え、以下の観点にも留意しながら、地方自治体等の実情や意見もふまえつつさらに検討を深めていく必要がある。

　　①被災者支援においては、行政の責務を明確にし、そのうえで、自助・共助の取組や民間団体等との連携・協働、人材確保・育成の視点も重要ではないか。

　　②市町村のみで対応する小規模な災害から、都道府県や国も対応に加わる南海トラフ地震等の激甚な災害までの災害規模の違いによる各主体の対応の限界について配慮が必要ではないか。

　　③発災直後から、避難所外避難者も含め、見守り支援を強化するなど、災害関連死を防ぐための対策が必要ではないか。

④平常時の既存制度の災害時における活用について検討するとともに、被災者の生活再建を迅速に進めるためにも、できるだけ早期かつ円滑に災害時の対応から平常時の活動へ戻していくことを考えることが必要ではないか。

社会保障・福祉政策の動向
2022
（統計資料）

統計資料　社会保障・福祉政策の動向2022

① 人口の推移と将来人口

年次	総人口(1,000人) 総数	男	女	人口増減(1,000人) 増減数[2]	自然増減	出生児数	死亡者数	社会増減	対前年増減率(人口1,000につき)	人口密度(人/km²)	年齢3区分別人口(1,000人) 0～14歳(年少人口)	15～64(生産年齢人口)	65歳以上(老年人口)	年齢3区分別人口構成比(%)[4] 0～14歳(年少人口)	15～64(生産年齢人口)	65歳以上(老年人口)	年次
大正 9年	55,963	28,044	27,919	…	913	2,148	1,235	…	…	146.6	20,416	32,605	2,941	36.5	58.3	5.3	大正 9年
14	59,737	30,013	29,724	861	950	2,135	1,185	-1	14.6	156.5	21,924	34,792	3,021	36.7	58.2	5.1	14
昭和 5年	64,450	32,390	32,060	989	1,012	2,182	1,170	53	15.6	168.6	23,579	37,807	3,064	36.6	58.7	4.8	昭和 5年
10	69,254	34,734	34,520	945	886	2,110	1,224	-92	13.8	181.0	25,545	40,484	3,225	36.9	58.5	4.7	10
15	a) 71,933	a) 35,387	a) 36,546	553	928	2,115	1,187	-273	7.8	b) 188.0	b) 26,369	b) 43,252	3,454	36.1	59.2	4.7	15
20	c) 72,147			d) -1,691	-245	1,902	2,147	-1,462	d) -22.9	c) 195.8	26,477	41,821	3,700	36.8	58.1	5.1	20
25	84,115	41,241	42,873	1,419	1,532	2,447	915	31	17.5	226.2	29,786	50,168	4,155	35.4	59.6	4.9	25
30	90,077	44,243	45,834	1,036	1,061	1,769	708	-5	11.7	242.1	30,123	55,167	4,786	33.4	61.2	5.3	30
35	94,302	46,300	48,001	777	911	1,624	713	-50	8.4	253.5	28,434	60,469	5,398	30.2	64.1	5.7	35
40	99,209	48,692	50,517	1,093	1,099	1,811	712	4	11.3	266.6	25,529	67,444	6,236	25.7	68.0	6.3	40
45	104,665	51,369	53,296	1,184	1,211	1,932	721	10	11.5	281.1	25,153	72,119	7,393	24.0	68.9	7.1	45
50	111,940	55,091	56,849	1,367	1,242	1,948	707	-3	12.4	300.5	27,221	75,807	8,865	24.3	67.7	7.9	50
55	117,060	57,594	59,467	906	894	1,616	722	8	7.8	314.1	27,507	78,835	10,647	23.5	67.4	9.1	55
60	121,049	59,497	61,552	744	714	1,452	738	13	6.2	324.7	26,033	82,506	12,468	21.5	68.2	10.3	60
平成 2年	123,611	60,697	62,914	406	417	1,241	824	2	3.3	331.6	22,486	85,904	14,895	18.2	69.7	12.1	平成 2年
7	125,570	61,574	63,996	305	297	1,222	925	-50	2.4	336.8	20,014	87,165	18,261	16.0	69.5	14.6	7
12	126,926	62,111	64,815	259	226	1,194	968	38	2.0	340.4	18,472	86,220	22,005	14.6	68.1	17.4	12
17	127,768	62,349	65,419	-19	9	1,083	1,078	-53	-0.1	342.7	17,521	84,092	25,672	13.8	66.1	20.2	17
22	128,057	62,328	65,729	26	-105	1,074	1,188	0	0.2	343.4	16,803	81,032	29,246	13.2	63.8	23.0	22
23	127,834	62,207	65,627	-223	-183	1,047	1,256	-79	-1.7	342.8	16,705	81,342	29,752	13.1	63.7	23.3	23
24	127,593	62,080	65,513	-242	-201	1,045	1,248	-79	-1.9	342.1	16,547	80,175	30,793	13.0	62.9	24.2	24
25	127,414	61,985	65,429	-179	-232	1,022	1,277	14	-1.4	341.7	16,390	79,010	31,898	12.9	62.1	25.1	25
26	127,237	61,901	65,336	-177	-252	1,025	1,274	36	-1.4	341.1	16,233	77,850	33,000	12.8	61.3	26.0	26
27	127,095	61,842	65,253	-142	-275	1,004	1,301	94	-1.1	340.8	15,887	76,289	33,465	12.6	60.7	26.6	27
28	126,933	61,766	65,167	-162	-296	965	1,300	134	-1.3	340.3	15,780	76,562	34,591	12.4	60.3	27.3	28
29	126,706	61,655	65,051	-227	-377	944	1,343	151	-1.8	339.7	15,592	75,962	35,152	12.3	60.0	27.7	29
30	126,443	61,532	64,911	-263	-424	896	1,369	161	-2.1	339.0	15,415	75,451	35,578	12.2	59.7	28.1	30
令和 元年	126,167	61,411	64,756	-276	-485	865	1,381	209	-2.2	338.3	15,210	75,072	35,885	12.1	59.5	28.4	令和 元年
2	126,146	61,350	64,797	-21	-532	840	1,372	…	-0.2	338.2	14,956	72,923	35,336	12.1	59.2	28.7	2

将来人口

年次	総数	男	女	増減数	自然増減	出生児数	死亡者数	社会増減	対前年増減率	人口密度	0～14歳	15～64	65歳以上	0～14歳(%)	15～64(%)	65歳以上(%)	年次
令和 7年	122,544	59,449	63,095	-617	-678	844	1,522	…	-5.0	…	14,073	71,701	36,771	11.5	58.5	30.0	令和 7年
12	119,125	57,697	61,428	-725	-785	818	1,603	…	-6.0	…	13,212	68,754	37,160	11.1	57.7	31.2	12
17	115,216	55,721	59,494	-817	-877	782	1,659	…	-7.0	…	12,457	64,942	37,817	10.8	56.4	32.8	17
27	106,421	51,423	54,999	-904	-953	700	1,652	…	-8.4	…	11,384	55,845	39,192	10.7	52.5	36.8	27
37	97,441	47,047	50,394	-901	-947	613	1,561	…	-9.2	…	10,123	50,276	37,042	10.4	51.6	38.0	37
47	88,077	42,402	45,674	-960	-1,000	557	1,557	…	-10.8	…	8,975	45,291	33,810	10.2	51.4	38.4	47
57	78,564	37,947	40,617	-903	-934	500	1,434	…	-11.4	…	8,119	40,427	30,018	10.3	51.5	38.2	57
67	70,381	34,090	36,291	-792	-792	442	1,234	…	-10.7	…	7,262	36,109	27,011	10.3	51.3	38.4	67
77	63,125	30,552	32,573	-700	-728	397	1,125	…	-11.0	…	6,450	32,512	24,162	10.2	51.5	38.3	77

大正9年～平成22年、27年、令和2年は国勢調査（昭和20年は人口調査）による10月1日現在人口。平成23～26、28年～令和元年及び令和2年の推計人口を基礎とした。27年、令和2年は年齢不詳を除く。平成15年～平成22年は沖縄県を除く。昭和20～45年は沖縄県を除く。（昭和25年以降は総人口には沖縄県を含む。）将来人口は、平成27年国勢調査・人口等基本集計結果及び同年人口動態統計の確定数などの表されたことを前提とした。国立社会保障・人口問題研究所「日本の将来推計人口（平成29年推計）」。

1) 昭和9年～平成22年、27年、令和2年は国勢調査（昭和20年は人口調査）による人口（総人口）に、10月1日現在人口。

2) 前年の10月からその年の9月末までの数値。大正9年～平成26年は各回国勢調査間の補正後人口・状況局及び竹島を含む。

3) 昭和15年～平成22年、45年を除く〈　〉、令和2年は年齢不詳を含む。

4) 昭和15年～平成22年、45年を除く〈　〉、27年、令和2年は年齢不詳を除く。 5) 総人口は、国勢調査、国勢調査以外は補正前の値を用いて算出した。総人口の総数のため総数に一致しない。

a) 昭和20～45年は沖縄県を含む。将来人口は、平成27年国勢調査及び男女及び年齢3区分別人口の総数。男女別人口及び年齢別人口はこれを基準とした補正人口。 b) 軍属の推計数が差を引いた補正人口。 b) 軍属の推計数による海外にいる軍人・軍属及び外国人による推計人口。沖縄県を除く〈昭和19年人口73,839,000〉により算出。国勢調査による人口73,114,308から海外にいる軍人・軍属の推計数1,181,000を引いた補正人口。11月1日現在の内地人口71,998,104に軍人・軍属及び外国人による推計数149,000を加えた面積を用いた。色丹島、色丹島、歯舞群島、色丹島。

資料　総務省統計局「国勢調査結果」「我が国の推計人口」「人口推計」、国立社会保障・人口問題研究所「日本の将来推計人口（平成29年推計）」

出典：総務省統計局「日本の統計2022」

②就業状態別15歳以上人口、就業者数、失業者数、非労働力人口

2021年平均 (万人)

	男女計		男		女	
	実数	対前年増減	実数	対前年増減	実数	対前年増減
１ ５ 歳 以 上 人 口	11021	-36	5316	-21	5705	-15
〔就 業 状 態〕						
労 働 力 人 口	6870	-7	3800	-20	3069	13
就 業 者	6657	-10	3678	-22	2979	12
自 営 業 主	521	-5	385	-6	136	1
家 族 従 業 者	139	-1	27	0	112	-1
雇 用 者	5963	0	3247	-14	2716	14
う ち 役 員 を 除 く 雇 用 者	5620	0	2986	-15	2634	15
失 業 者	213	3	122	1	91	2
う ち 完 全 失 業 者	193	2	116	1	77	1
非 労 働 力 人 口	4152	-29	1516	-1	2636	-28
〔役 員 を 除 く 雇 用 者〕						
・雇用形態別						
正 規 の 職 員 ・ 従 業 員	3555	26	2334	-2	1221	28
非 正 規 の 職 員 ・ 従 業 員	2064	-26	652	-13	1413	-12
パ ー ト ・ ア ル バ イ ト	1455	-18	340	-8	1116	-9
パ ー ト	1018	-6	123	1	895	-7
ア ル バ イ ト	438	-11	217	-8	221	-2
労 働 者 派 遣 事 業 所 の 派 遣 社 員	140	2	53	-1	87	2
契 約 社 員	275	-4	147	1	128	-5
嘱 託	113	-3	71	-4	41	0
そ の 他	81	-4	41	-2	41	-1
〔失 業 者〕						
・失業期間別						
３ か 月 未 満	78	-4	37	-3	41	-1
３ か 月 以 上	132	9	83	5	48	2
３ ～ ６ か 月 未 満	31	-6	17	-3	14	-3
６ か 月 ～ １ 年 未 満	32	1	17	-2	15	3
１ 年 以 上	68	13	49	10	19	3
・仕事につけない理由別						
賃 金 ・ 給 料 が 希 望 と あ わ な い	13	-2	9	-1	4	-2
勤 務 時 間 ・ 休 日 な ど が 希 望 と あ わ な い	24	1	6	-1	18	2
求 人 の 年 齢 と 自 分 の 年 齢 と が あ わ な い	24	3	16	2	9	2
自 分 の 技 術 や 技 能 が 求 人 要 件 に 満 た な い	14	0	9	0	5	0
希 望 す る 種 類 ・ 内 容 の 仕 事 が な い	65	2	38	2	26	-1
条 件 に こ だ わ ら な い が 仕 事 が な い	15	1	10	0	5	1
そ の 他	55	-1	33	0	23	0
〔非 労 働 力 人 口〕						
就 業 希 望 者	253	-33	82	-5	171	-27
う ち 適 当 な 仕 事 が あ り そ う に な い	92	-5	33	0	58	-6
就 業 内 定 者	81	-1	39	-2	43	2
就 業 非 希 望 者	3807	9	1390	8	2417	1

出典：総務省統計局「令和3年労働力調査年報」一部改変

③社会保障給付費の見通し

(兆円)
()内は対GDP比

	その他	子ども・子育て	介護	医療	年金

2018年度
121.3 (21.5%)
その他 6.7 (1.2%)
子ども・子育て 7.9 (1.4%)
介護 10.7 (1.9%)
医療 39.2 (7.0%)
年金 56.7 (10.1%)

GDP 564.3兆円
保険料負担 12.4%
公費負担 8.3%
(対GDP比)

2025年度（計画ベース）
140.2~140.6 (21.7~21.8%)
その他 7.7 (1.2%)
子ども・子育て 10.0 (1.5%)
介護 15.3 (2.4%)
医療 ①：47.8 (7.4%) ②：47.4 (7.3%)
年金 59.9 (9.3%)

＜現状投影＞
140.4~140.8 (21.7~21.8%)
14.6 (2.3%)
①：48.7 (7.5%) ②：48.3 (7.5%)

GDP 645.6兆円
保険料負担 12.6%
公費負担 9.0%

2040年度（計画ベース）
188.2~190.0 (23.8~24.0%)
その他 9.4 (1.2%)
子ども・子育て 13.1 (1.7%)
介護 25.8 (3.3%)
医療 ①：66.7 (8.4%) ②：68.5 (8.7%)
年金 73.2 (9.3%)

＜現状投影＞
188.5~190.3 (23.8~24.1%)
24.6 (3.1%)
①：68.3 (8.6%) ②：70.1 (8.9%)

GDP 790.6兆円
13.4~13.5%
10.1~10.2%

(注1) 医療については、単価の伸び率の仮定を2通り設定しており、給付費も2通り（①と②）示している。
(注2) 「計画ベース」は、地域医療構想に基づく2025年度までの病床機能の分化・連携の推進、第3期医療費適正化計画による2023年度までの外来医療費の適正化効果、第7期介護保険事業計画による2025年度までのサービス量の見込みを基礎として計算し、それ以降の期間については、当該時点の年齢階級別の受療率・利用率等を基に機械的に計算。なお、介護保険計画において、地域医療構想の実現に向けたサービス基盤の整備については、例えば医療療養病床から介護保険施設等への転換分など、現段階で見通すことが困難な要素があることに留意する必要がある。
※平成30年度予算ベースを足元に、国立社会保障・人口問題研究所「日本の将来推計人口（平成29年推計）」、内閣府「中長期の経済財政に関する試算（平成30年1月）」等を踏まえて計算。
なお、医療・介護費用の単価の伸び率については、社会保障・税一体改革時の試算の仮定を使用。

出典：2040年を見据えた社会保障の将来見通し（議論の素材）－概要－ （内閣官房・内閣府・財務省・厚生労働省　平成30年5月21日）より

④生活福祉資金の特例貸付の貸付状況（令和4年12月6日時点）

令和2年3月25日〜令和4年12月3日までの貸付実績

（概算・地域福祉部 生活福祉資金貸付事業支援室把握）

○緊急小口資金　申請163.2万件・3,068.1億円／貸付決定161.8万件・3,031.1億円

（内訳）

市区町村社協　　　　　申請156.0万件・2,930.6億円／貸付決定154.6万件・2,896.6億円
労働金庫〈4/30~9/30〉　申請5.0万件・94.9億円／貸付決定5.0万件・93.3億円
郵便局〈5/25~9/30〉　　申請2.2万件・42.6億円／貸付決定2.2万件・41.2億円

○総合支援資金（全体）申請116.8万件・8,385.5億円／貸付決定115.0万件・8,170.4億円

推計値 { 初回貸付　申請116.8万件・5,999.8億円／貸付決定115.0万件・5,901.0億円
　　　　延長貸付　申請46.2万件・2,385.7億円／貸付決定44.0万件・2,269.4億円

○総合支援資金（再貸付）申請60.5万件・3,151.4億円／貸付決定59.8万件・3,120.6億円
（R3. 2/19〜）

合計：申請　340.5万件・14,605.0億円
　　　　　　386.9万件（延長分（推計値）含む）

貸付決定　336.6万件・14,323.0億円
　　　　　　380.6万件（延長分（推計値）含む）

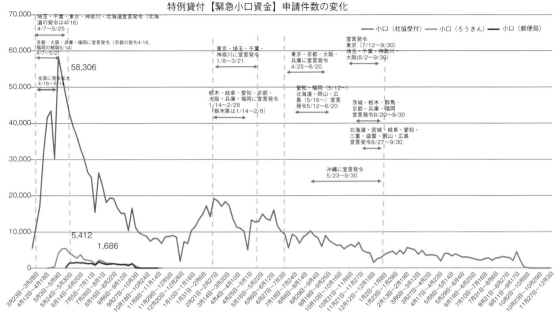

新型コロナウイルス感染拡大に伴う
特例貸付【緊急小口資金】申請件数の変化

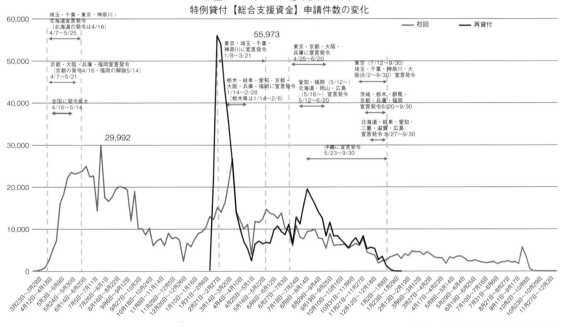

新型コロナウイルス感染拡大に伴う
特例貸付【総合支援資金】申請件数の変化

出典：全国社会福祉協議会　地域福祉部

⑤コロナ特例貸付からみえる生活困窮者支援のあり方に関する検討会報告書（概要）

全国社会福祉協議会 政策委員会（令和4年12月22日）

検討会の目的と経緯

　　コロナ禍のなか、全国の社会福祉協議会（以下、社協）は、政府からの要請を受け、2020年3月25日より生活福祉資金特例貸付（以下、コロナ特例貸付）を実施し、経済的に支援を必要とする人びとを支え続けてきた（2022年9月末までの2年半で381万件）。この間、社協ではコロナ特例貸付の窓口で、生活に困窮する人びとに相対し、さまざまな顕在化した地域生活課題に直面し支援を行ってきた。

　　こうした経験をふまえ、全国社会福祉協議会では、

　①　コロナ特例貸付をめぐる動向を整理し、社協がこの間、コロナ特例貸付にどう取り組んできたのか、その実態と課題を明らかにすること

　②　コロナ特例貸付がいち早く対応することになったが、わが国のセーフティネットは生活困窮者支援のあり方として十分に機能したのか等を検証すること

　③　今後、このような非常事態になった場合の生活困窮者支援策について国に提言すること

を目的として、2021年10月に検討会（委員長：宮本太郎 中央大学教授）を設置した。

　　検討会では、コロナ特例貸付の借受人の状況と社協の取り組みを明らかにするための調査分析を行うとともに、有識者のヒアリング、検討会における協議を重ねてきた。

　　コロナ特例貸付は、突然の減収や失業等により生活に困窮した人びとに迅速に生活資金を届けることで生活を支えるという役割を果たした。一方で、迅速な貸付が優先されたため、必要な相談支援ができないまま、貸付件数が増えていく状況になった。こうしたなか、社協では貸付だけではなく、社協のもつネットワークを活用し、生活に困窮する人びとへの相談支援、生活支援等に取り組んできた。

　　本報告書は、コロナ特例貸付にかかる調査結果とコロナ禍における生活困窮者支援の実践をもとに、早期実現が求められる「緊急要望」と今後の社会保障・セーフティネットの再構築に向けての「提言」を提起するものである。

報告書構成

はじめに
1．本検討会の概要
　　（1）　趣旨・目的
　　（2）　事業内容
2．新型コロナウイルス禍のなかでみえてきたこと
　　（1）　生活困窮者層の増大
　　（2）　顕在化した生活困窮者層の背景にあるもの
　　（3）　新型コロナウイルス禍により生じた困窮の実態とは
　　（4）　生活保護における課題
　　（5）　住宅支援施策の脆弱性による困窮層
3．国の緊急経済対策・セーフティネット政策は機能したのか
　　（1）　経済活動、企業・事業所等に対する支援
　　（2）　諸分野での支援策の展開
4．新型コロナウイルス禍での特例貸付－社会福祉協議会の担った役割と課題
　　（1）　コロナ特例貸付の実施の経緯と2年以上にわたる展開　－コロナ特例貸付と生活福祉資金（通常貸付）の相違点
　　（2）　コロナ特例貸付借受人データ等の分析からみえた借受人の状況
　　（3）　コロナ特例貸付への社会福祉協議会の対応体制と課題
　　（4）　調査からみえたこと　－社協が担った役割と課題
5．社会福祉法人・福祉施設・事業所が担う役割
　　（1）　地域における公益的な取り組みの実際
　　（2）　就労支援の取り組み
　　（3）　居住支援法人等、居住支援に向けた取り組み
6．緊急要望
7．提言
　　（1）　提言　－社会保障、セーフティネットの再構築に向けて
　　（2）　福祉関係者に求められる取り組み－多様な参加による地域づくり
8．委員名簿、検討経過
9．参考資料

コロナ特例貸付の借受人の状況や社協の体制や取り組み等を把握するため、下記調査を実施。

〔借受人の状況把握のための調査〕
- コロナ特例貸付借受人マスターデータ分析
- コロナ特例貸付状況確認シート分析
- 償還免除業務および案内文書の発送等の現状についてのアンケート

〔社協の体制や取り組み把握のための調査〕
- コロナ特例貸付に対する社会福祉協議会の取り組み実態等に関する調査

（1）調査からみえた借受人の状況

○自営業者の借受人は通常貸付の120倍
　コロナ特例貸付の借受人は通常貸付の借受人と比べると、年齢層が20代から中高年までと多様であり、職業も「自営業者」「契約社員・派遣社員」「会社員・会社役員」等が増加していた。とくにコロナ特例貸付では、「自営業者」の借受人が通常貸付の120倍になっている。

○収入が「0円」だった人は2割超

　借入時の収入が「0円」だった人は2割、「10万円未満」が3割を占めた。コロナ禍以前は一定の収入があった人が、コロナ禍のなか、休業や営業時間短縮等、さまざまな行動制限がかかったこと等により、収入の途を失ったり減収したりして貸付申請に至った。

○償還免除は借受人の3割超

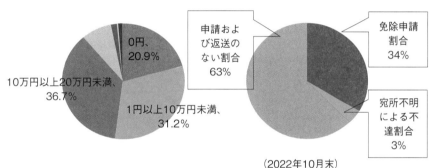

＜借入時の収入額＞

0円、20.9%
10万円以上20万円未満、36.7%
1円以上10万円未満、31.2%

＜免除案内発送済み債権の状況【債権数】＞

申請および返送のない割合 63%
免除申請割合 34%
宛所不明による不達割合 3%

（2022年10月末）

（2）社協向け調査からみえたもの

○職員体制は2倍にして対応。先の見通し立たず人員体制のマネジメントに苦慮
＜特例貸付に対応する人員体制を整えるためにマネジメント上で苦労したこと＞

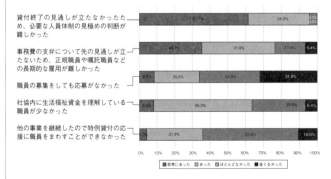

貸付終了の見通しが立たなかったため、必要な人員体制の見極めの判断が難しかった　61.7%　34.0%　4.3%　1.0%

事務費の支弁について先の見通しが立たないため、正規職員や嘱託職員などの長期的な雇用が難しかった　44.7%　31.9%　17.0%　5.4%

職員の募集をしても応募がなかった　8.5%　25.5%　34.0%　31.9%

社協内に生活福祉資金を理解している職員が少なかった　9.9%　55.3%　29.8%　6.4%

他の事業を継続したので特例貸付の応援に職員をまわすことができなかった　2%　31.9%　53.2%　10.6%

0% 10% 20% 30% 40% 50% 60% 70% 80% 90% 100%
■非常にあった ■あった ■ほとんどなかった ■全くなかった

○退職した職員が「いた」市町村社協は前年の2倍
- コロナ特例貸付の担当職員が直面した課題として、「十分な相談時間を確保できないこと」「制度内容の頻繁な変更があったこと」「特例貸付の受付期間の終わりがみえないこと」「相談者からの暴言やクレームを受けたこと」などがあげられた。
- こうした課題などにより、都道府県社協では半数、市区町村社協では15.9％（前年の2倍）で退職した職員が「いた」と回答。
- 正規職員ではメンタル不調を訴えた職員も多い。

（都道府県社協）

○特例貸付を通じて申請者が抱える地域生活課題がみえてきた
　コロナ特例貸付の対応を通じてみえてきた地域生活課題として「コロナ禍以前から生活困窮の状態の人が多い」「コロナ禍以前から雇用が不安定な状態の人が多い」「コロナ禍以前から家計のやりくりや金銭管理に問題を抱える人が多い」という項目にすべての都道府県社協が「感じる」と回答。

〇貸付だけではなく、地域のさまざまな主体との協働で 多様な支援に取り組む

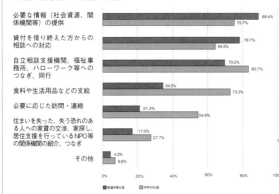

＜社協が特例貸付以外に実施した支援＞

支援内容	都道府県社協	市町村社協
必要な情報（社会資源、関係機関等）の提供	89.4%	75.7%
貸付を借り終えた方からの相談への対応	78.7%	64.5%
自立相談支援機関、福祉事務所、ハローワーク等へのつなぎ、同行	70.2%	83.7%
食料や生活用品などの支給	34.0%	73.3%
必要に応じた訪問・連絡	21.3%	54.6%
住まいを失った、失う恐れのある人への家賃の交渉、家探し、居住支援を行っているNPO等の関係機関の紹介、つなぎ	17.0%	27.7%
その他	4.3%	6.8%

■都道府県社協　□市町村社協

〇困窮する人びとへの丁寧な相談支援、つながるための取り組み強化が社協の役割

コロナ特例貸付を通じてみえてきた地域生活課題に対して、社協では「丁寧な相談支援」「福祉事務所との連携強化」「必要に応じた訪問・連絡等、支援が必要な人たちとつながるための取り組み強化」を行っていくと回答。

社協が「必要な情報提供」や「自立相談支援機関、福祉事務所、ハローワーク等へのつなぎ、同行」等の情報提供・相談対応に加え、「食料や生活用品などの支給」（市町村社協　73.3％）、「住まいを失った、失う恐れのある人への家賃の交渉、家探し、居住支援を行っているNPO等の関係機関の紹介・つなぎ」（同　27.7％）など、直接的な支援を行ったことが明らかに。

緊急要望

　償還対応だけではなく、コロナ禍で顕在化した困窮者の生活再建を支援するため、社協等の相談支援体制を強化する必要がある。そのため、早急に実現を図る必要がある事項に関し、緊急要望とした。
① コロナ禍で顕在化・深刻化した生活課題に対し、包括的・継続的な支援ができるよう、生活困窮者自立支援事業の拡充をはじめ、生活困窮者を支援する体制の強化を早期に実現すること
② 長期にわたる償還支援、生活再建の支援を行うため、社協体制の整備・強化を早急に実現すること
③ コロナ特例貸付の償還免除要件の拡大を含め、さらなる対応を図ること

提言

　コロナ特例貸付等の経験をふまえ、今後のわが国の社会保障・セーフティネットの再構築に向けて、7つの事項を提言とした。
① コロナ特例貸付等の実態や現場の課題認識をふまえ、国として緊急時や災害時における困窮者の支援措置のあり方を早期に検討し、実現すること
② 生活福祉資金の今後のあり方についてコロナ特例貸付の経験をふまえた見直しを行い、そのための社協の相談支援体制等を整備すること
③ 生活保護制度を必要な人に届く仕組みにするため、財源と人員両面で必要な措置を図ること
④ 生活困窮者自立支援制度と生活保護制度の双方がそれぞれの制度基盤を拡充しつつ、効果的に連携できるようにすること
⑤ 生活困窮者支援に既存の社会福祉法人・社会福祉施設等の活用を図っていくこと
⑥ 社会保障の枠組みに「住まい」を位置づけ、「住宅付き包括支援体制」の構築を図っていくこと
⑦ 新たな生活困難層として浮上した自営業者・フリーランス向け支援を拡充し、休業補償等の仕組みを検討すること

報告書全文は下記URL（全社協政策委員会ホームページ）に掲載
全社協政策委員会ホーム ＞ 要望・提言活動 ＞ 提言 ＞「コロナ特例貸付からみえる生活困窮者支援のあり方に関する検討会」報告書
http://www.zseisaku.net/data/covidhoukokusyo_202212.pdf

出典：全国社会福祉協議会 政策委員会　資料（令和4年12月22日）

⑥老人ホーム等の施設数、定員、入所者数、退所者数及び年度末現在員数、施設の種類、公立－私立別

(単位：施設、人)

施設の種類／公立-私立	施設数（年度末現在）	定員（年度末現在）	入所者数（年度中）総数	入所者数 被措置者	入所者数 その他	退所者数（年度中）総数	退所者数 被措置者	退所者数 その他	年度末現在員数 総数	年度末現在員数 被措置者 総数	管内分	管外委託分	その他
総数	13 744	809 435	25 781	8 524	17 257	28 087	10 078	18 009	136 349	54 208	47 509	6 699	82 141
公立	649	41 654	2 321	1 957	364	2 945	2 508	437	15 127	12 796	12 004	792	2 331
私立	13 095	767 781	23 460	6 567	16 893	25 142	7 570	17 572	121 222	41 412	35 505	5 907	79 810
養護老人ホーム	944	62 201	8 108	7 932	176	9 736	9 491	245	54 904	53 490	46 814	6 676	1 414
公立	245	16 307	1 942	1 897	45	2 480	2 447	33	12 911	12 695	11 905	790	216
私立	699	45 894	6 166	6 035	131	7 256	7 044	212	41 993	40 795	34 909	5 886	1 198
特別養護老人ホーム	10 469	651 848	592	592	・	587	587	・	718	718	695	23	・
公立	339	22 632	60	60	・	61	61	・	101	101	99	2	・
私立	10 130	629 216	532	532	・	526	526	・	617	617	596	21	・
軽費老人ホーム	2 037	82 040	14 935	・	14 935	15 508	・	15 508	69 060	・	・	・	69 060
公立	46	1 517	190	・	190	257	・	257	1 221	・	・	・	1 221
私立	1 991	80 523	14 745	・	14 745	15 251	・	15 251	67 839	・	・	・	67 839
都市型軽費老人ホーム	91	1 574	343	・	343	283	・	283	1 527	・	・	・	1 527
公立	・	・	・	・	・	・	・	・	・	・	・	・	・
私立	91	1 574	343	・	343	283	・	283	1 527	・	・	・	1 527
軽費老人ホームA型	190	11 204	1 757	・	1 757	1 915	・	1 915	9 779	・	・	・	9 779
公立	10	790	106	・	106	111	・	111	642	・	・	・	642
私立	180	10 414	1 651	・	1 651	1 804	・	1 804	9 137	・	・	・	9 137
軽費老人ホームB型	13	568	46	・	46	58	・	58	361	・	・	・	361
公立	9	408	23	・	23	36	・	36	252	・	・	・	252
私立	4	160	23	・	23	22	・	22	109	・	・	・	109
生活支援ハウス	513	6 415	1 545	・	1 545	1 631	・	1 631	3 877	・	・	・	3 877

注：1）本表は年度分報告である。
　　2）介護保険法の規定による入所者及び短期入所者は含まれていない。

出典：厚生労働省　令和3年度福祉行政報告例

101

⑦要介護（要支援）認定者数　（令和2年度末現在）

（単位：人）

	区分	要支援1	要支援2	要介護1	要介護2	要介護3	要介護4	要介護5	総数
男	第1号被保険者	299,622	265,156	453,946	390,102	288,515	239,262	151,979	2,088,582
	65歳以上70歳未満	16,406	17,418	23,232	23,305	16,499	14,009	11,628	122,497
	70歳以上75歳未満	35,208	35,415	50,534	50,263	35,861	30,296	22,675	260,252
	75歳以上80歳未満	49,096	44,333	71,135	62,418	44,716	37,418	26,066	335,182
	80歳以上85歳未満	73,979	60,172	106,214	85,922	61,174	50,847	32,705	471,013
	85歳以上90歳未満	78,920	64,708	118,019	93,209	68,958	55,953	33,105	512,872
	90歳以上	46,013	43,110	84,812	74,985	61,307	50,739	25,800	386,766
	第2号被保険者	6,642	10,470	12,026	15,098	10,497	8,575	8,535	71,843
	合計	306,264	275,626	465,972	405,200	299,012	247,837	160,514	2,160,425
女	第1号被保険者	649,332	664,468	926,071	748,919	598,836	595,017	417,428	4,600,071
	65歳以上70歳未満	16,448	18,222	18,128	16,857	11,179	10,732	9,829	101,395
	70歳以上75歳未満	51,033	50,403	50,949	42,140	28,734	27,256	22,987	273,502
	75歳以上80歳未満	106,243	92,136	105,241	74,162	50,638	46,655	37,359	512,434
	80歳以上85歳未満	184,372	163,147	205,122	138,899	98,082	89,766	66,988	946,376
	85歳以上90歳未満	190,846	199,936	285,510	216,114	162,252	152,864	106,030	1,313,552
	90歳以上	100,390	140,624	261,121	260,747	247,951	267,744	174,235	1,452,812
	第2号被保険者	5,546	9,123	9,078	11,689	7,774	6,955	7,583	57,748
	合計	654,878	673,591	935,149	760,608	606,610	601,972	425,011	4,657,819
計	第1号被保険者	948,954	929,624	1,380,017	1,139,021	887,351	834,279	569,407	6,688,653
	65歳以上70歳未満	32,854	35,640	41,360	40,162	27,678	24,741	21,457	223,892
	70歳以上75歳未満	86,241	85,818	101,483	92,403	64,595	57,552	45,662	533,754
	75歳以上80歳未満	155,339	136,469	176,376	136,580	95,354	84,073	63,425	847,616
	80歳以上85歳未満	258,351	223,319	311,336	224,821	159,256	140,613	99,693	1,417,389
	85歳以上90歳未満	269,766	264,644	403,529	309,323	231,210	208,817	139,135	1,826,424
	90歳以上	146,403	183,734	345,933	335,732	309,258	318,483	200,035	1,839,578
	第2号被保険者	12,188	19,593	21,104	26,787	18,271	15,530	16,118	129,591
	合計	961,142	949,217	1,401,121	1,165,808	905,622	849,809	585,525	6,818,244

※保険者が国民健康保険団体連合会に提出する受給者台帳を基にしたものであり、提出後に要介護度が遡って変更になる場合がある。

出典：厚生労働省　令和2年度介護保険事業状況報告

⑧各サービス受給者数（令和2年度累計）

居宅介護（介護予防）サービス受給者数

(単位：人)

区分	要支援1	要支援2	経過的要介護	要介護1	要介護2	要介護3	要介護4	要介護5	合計
第1号被保険者	3,633,050	5,630,240	-	12,274,358	10,779,083	6,475,986	4,522,101	2,766,964	46,081,782
第2号被保険者	57,216	139,357	-	186,422	267,443	154,873	109,820	107,599	1,022,730
総数	3,690,266	5,769,597	-	12,460,780	11,046,526	6,630,859	4,631,921	2,874,563	47,104,512

居宅介護（介護予防）サービスのサービス別受給者数【現物給付】 －総数－

(単位：人)

区分	要支援1	要支援2	経過的要介護	要介護1	要介護2	要介護3	要介護4	要介護5	合計
訪問介護	121	169	-	3,769,738	3,465,206	1,976,586	1,524,653	1,167,035	11,903,508
訪問入浴介護	575	4,821	-	19,304	61,004	94,883	212,513	380,399	773,499
訪問看護	355,121	718,653	-	1,489,845	1,636,039	1,071,306	990,644	882,599	7,144,207
訪問リハビリテーション	71,878	184,303	-	253,142	339,779	236,883	197,965	158,054	1,442,004
居宅療養管理指導	294,744	405,210	-	1,894,214	2,182,834	1,946,728	1,883,349	1,594,217	10,201,296
通所介護	892	1,122	-	4,900,583	4,048,501	2,277,459	1,354,551	698,113	13,281,221
通所リハビリテーション	808,932	1,210,121	-	1,734,347	1,627,626	858,715	490,670	207,558	6,937,969
短期入所生活介護	22,667	68,988	-	551,883	823,597	977,408	668,540	357,942	3,471,025
短期入所療養介護 （介護老人保健施設）	1,700	6,968	-	67,353	107,382	113,857	91,454	63,071	451,785
短期入所療養介護 （介護療養型医療施設等）	71	173	-	1,402	1,954	2,673	2,708	2,921	11,902
短期入所療養介護 （介護医療院）	6	46	-	413	646	673	652	778	3,214
福祉用具貸与	2,372,915	4,295,038	-	5,092,708	6,980,963	4,340,312	3,197,753	2,051,358	28,331,047
特定施設入居者生活介護	212,689	186,475	-	690,449	581,480	489,577	517,114	323,347	3,001,131
介護予防支援・居宅介護支援	3,273,982	5,340,614	-	11,244,739	9,831,042	5,511,124	3,616,260	2,200,889	41,018,650

※1 現物給付分のみのサービス別受給者数であり、国民健康保険団体連合会から提出されるデータを基にしたものである。
※2 各サービス毎に受給者の名寄せをしていることから、上表(居宅介護〔介護予防〕サービス受給者数)の総数と一致しない。

居宅介護（介護予防）サービスのサービス別利用回（日）数【現物給付】 －総数－

(単位：人)

区分	要支援1	要支援2	経過的要介護	要介護1	要介護2	要介護3	要介護4	要介護5	合計
訪問介護（回）	277	243	-	46,009,532	59,901,840	61,915,667	67,050,756	63,969,452	298,847,767
訪問入浴介護（回）	1,746	20,932	-	80,394	267,499	440,363	1,026,523	2,033,957	3,871,414
訪問看護（回）	2,142,483	6,154,517	-	11,548,452	14,421,815	9,754,839	9,463,117	9,691,127	63,176,350
訪問リハビリテーション（回）	606,256	2,010,001	-	2,889,063	3,971,340	2,820,134	2,337,363	1,907,923	16,542,080
通所介護（回）	197	268	-	48,107,770	43,523,303	27,870,107	17,061,169	8,786,282	145,349,096
通所リハビリテーション（回）	43	210	-	13,891,832	13,534,471	7,447,588	4,213,641	1,741,534	40,829,319
短期入所生活介護（日）	117,251	450,140	-	4,928,228	8,800,659	14,536,890	10,607,497	5,185,524	44,626,189
短期入所療養介護 （介護老人保健施設）（日）	7,840	36,828	-	430,166	753,350	961,354	824,275	571,324	3,585,137
短期入所療養介護 （介護療養型医療施設等）（日）	488	819	-	11,837	18,671	36,553	42,725	42,011	153,104
短期入所療養介護 （介護医療院）（日）	24	330	-	2,969	5,483	4,610	5,468	6,791	25,675

※1 訪問介護、通所介護及び通所リハビリテーションについては、介護予防サービスを除く。
※2 現物給付分のみの利用回（日）数であり、国民健康保険団体連合会から提出されるデータを基にしたものである。

地域密着型（介護予防）サービス受給者数　　　　　　　　　　　　　　　　　　　　　　　　　　　　（単位：人）

区分	要支援1	要支援2	要介護1	要介護2	要介護3	要介護4	要介護5	合計
第1号被保険者	63,347	97,072	2,972,842	2,700,069	2,068,305	1,464,113	955,145	10,320,893
第2号被保険者	488	620	31,133	39,427	28,016	18,540	18,499	136,723
総数	63,835	97,692	3,003,975	2,739,496	2,096,321	1,482,653	973,644	10,457,616

地域密着型（介護予防）サービスのサービス別受給者数【現物給付】　－総数－　　　　　　　　　　（単位：人）

区分	要支援1	要支援2	要介護1	要介護2	要介護3	要介護4	要介護5	合計
定期巡回・随時対応型訪問介護看護	1	1	92,278	91,764	64,906	62,753	41,920	353,623
夜間対応型訪問介護	-	-	10,501	20,359	17,842	16,012	14,472	79,186
地域密着型通所介護	28	34	1,849,921	1,446,789	757,513	398,742	203,593	4,656,620
認知症対応型通所介護	5,042	4,895	161,584	156,452	148,537	79,099	63,296	618,905
小規模多機能型居宅介護	58,508	78,647	351,794	326,463	252,026	170,109	94,932	1,332,479
認知症対応型共同生活介護	2	13,752	507,216	640,855	644,001	417,447	279,223	2,502,496
地域密着型特定施設入居者生活介護	-	-	18,142	24,227	20,976	20,829	12,100	96,274
地域密着型介護老人福祉施設入所者生活介護	1	-	6,612	20,618	179,575	295,656	235,588	738,050
複合型サービス（看護小規模多機能型居宅介護）			27,301	37,505	33,847	35,878	37,331	171,862

※現物給付分のみのサービス別受給者数であり、国民健康保険団体連合会から提出されるデータを基にしたものである。

地域密着型（介護予防）サービスの利用回数【現物給付】　－総数－　　　　　　　　　　　　　　　（単位：回）

区分	要支援1	要支援2	要介護1	要介護2	要介護3	要介護4	要介護5	合計
地域密着型通所介護	73	123	15,713,379	13,540,442	8,619,215	4,784,641	2,571,281	45,229,154
認知症対応型通所介護	22,822	34,021	1,526,115	1,646,150	1,761,623	947,932	747,950	6,686,613

※現物給付分のみの利用回数であり、国民健康保険団体連合会から提出されるデータを基にしたものである。

施設介護サービス受給者数　　　　　　　　　　　　　　　　　　　　　　　　　　　　　　　　　　（単位：人）

区分	要支援1	要支援2	要介護1	要介護2	要介護3	要介護4	要介護5	合計
介護老人福祉施設	41	61	77,774	228,137	1,669,572	2,616,567	2,088,247	6,680,399
第1号被保険者	41	61	77,207	226,274	1,658,599	2,600,253	2,067,460	6,629,895
第2号被保険者	-	-	567	1,863	10,973	16,314	20,787	50,504
介護老人保健施設	9	9	512,540	803,902	1,031,673	1,158,795	717,708	4,224,636
第1号被保険者	9	9	508,120	796,322	1,017,944	1,143,325	704,095	4,169,824
第2号被保険者	-	-	4,420	7,580	13,729	15,470	13,613	54,812
介護療養型医療施設	-	-	3,556	6,771	18,461	81,754	110,749	221,291
第1号被保険者	-	-	3,531	6,681	18,233	80,624	108,687	217,756
第2号被保険者	-	-	25	90	228	1,130	2,062	3,535
介護医療院	1	4	7,531	15,564	38,839	145,154	175,074	382,167
第1号被保険者	1	4	7,427	15,360	38,399	142,969	171,565	375,725
第2号被保険者	-	-	104	204	440	2,185	3,509	6,442
総数	51	74	601,163	1,053,700	2,750,424	3,987,647	3,083,058	11,476,117

※同一月に2施設以上でサービスを受けた場合、施設ごとにそれぞれ受給者数を1人と計上するが、合計には1人と計上しているため、4施設の合算と総数が一致しない。

出典：厚生労働省　令和2年度介護保険事業状況報告

⑨保険給付　介護給付・予防給付　－総数（件数、単位数、費用額、給付費）－

種類	要支援1	要支援2	経過的要介護	要介護1	要介護2	要介護3	要介護4	要介護5	合計
ア　件数									（単位：件）
居宅（介護予防）サービス	7,825,263	12,989,766	-	34,066,948	34,438,212	22,282,904	16,949,684	11,935,251	140,488,028
訪問サービス	916,041	1,553,115	-	8,992,052	9,555,077	7,031,204	6,493,788	5,719,466	40,260,743
訪問介護	26	10	-	4,016,288	3,795,784	2,222,455	1,740,498	1,415,144	13,190,205
訪問入浴介護	590	4,940	-	19,780	62,344	97,411	219,032	392,986	797,083
訪問看護	361,967	735,272	-	1,534,679	1,692,407	1,117,263	1,041,536	946,304	7,429,428
訪問リハビリテーション	72,989	187,418	-	257,794	345,628	241,218	201,994	161,950	1,468,991
居宅療養管理指導	480,469	625,475	-	3,163,511	3,658,914	3,352,857	3,290,728	2,803,082	17,375,036
通所サービス	815,196	1,221,616	-	6,943,542	5,985,984	3,347,806	1,965,901	967,293	21,247,338
通所介護	72	79	-	5,184,509	4,331,599	2,470,252	1,464,058	754,576	14,205,145
通所リハビリテーション	815,124	1,221,537	-	1,759,033	1,654,385	877,554	501,843	212,717	7,042,193
短期入所サービス	24,961	77,990	-	639,021	967,455	1,157,373	813,733	452,449	4,132,982
短期入所生活介護	23,162	70,728	-	569,209	856,241	1,037,914	716,776	384,023	3,658,053
短期入所療養介護（老健）	1,722	7,045	-	68,005	108,565	116,065	93,511	64,632	459,545
短期入所療養介護（病院等）	71	167	-	1,388	1,985	2,710	2,776	2,995	12,092
短期入所療養介護（介護医療院）	6	50		419	664	684	670	799	3,292
福祉用具・住宅改修サービス	2,554,431	4,551,045	-	5,418,806	7,382,653	4,627,854	3,439,467	2,208,963	30,183,219
福祉用具貸与	2,409,740	4,385,902	-	5,219,387	7,196,416	4,507,767	3,352,181	2,176,309	29,247,702
福祉用具購入費	60,034	79,235	-	103,125	108,297	73,443	56,094	22,217	502,445
住宅改修費	84,657	85,908	-	96,294	77,940	46,644	31,192	10,437	433,072
特定施設入居者生活介護	215,424	188,762	-	698,489	589,324	498,189	528,555	331,139	3,049,882
介護予防支援・居宅介護支援	3,299,210	5,397,238	-	11,375,038	9,957,719	5,620,478	3,708,240	2,255,941	41,613,864
地域密着型（介護予防）サービス	64,930	99,241	-	3,146,717	2,881,113	2,203,129	1,547,063	1,011,150	10,953,343
定期巡回・随時対応型訪問介護看護	-	1	-	94,111	93,790	66,839	65,085	43,511	363,337
夜間対応型訪問介護	-	-	-	12,555	24,344	20,938	18,663	16,484	92,984
地域密着型通所介護	22	31	-	1,954,109	1,541,213	816,259	427,668	216,931	4,956,233
認知症対応型通所介護	5,186	4,997	-	164,813	161,146	155,916	83,645	66,957	642,660
小規模多機能型居宅介護	59,719	80,275	-	357,857	332,354	257,754	174,369	97,050	1,359,378
認知症対応型共同生活介護	2	13,937	-	510,748	645,193	649,842	423,450	283,417	2,526,589
地域密着型特定施設入居者生活介護	-	-	-	18,261	24,361	21,200	21,102	12,322	97,246
地域密着型介護老人福祉施設入所者生活介護	1	-	-	6,617	20,567	179,790	296,311	236,307	739,593
複合型サービス（看護小規模多機能型居宅介護）	-	-	-	27,646	38,145	34,591	36,770	38,171	175,323
施設サービス	8	5	-	605,191	1,061,266	2,776,331	4,030,933	3,111,643	11,585,377
介護老人福祉施設	1	-		77,949	228,560	1,675,153	2,626,112	2,095,893	6,703,668
介護老人保健施設	7	5		515,998	810,074	1,043,184	1,175,140	726,654	4,271,062
介護療養型医療施設	-	-		3,628	6,879	18,641	82,745	111,966	223,859
介護医療院	-	-		7,616	15,753	39,353	146,936	177,130	386,788
ア合計	7,890,201	13,089,012	-	37,818,856	38,380,591	27,262,364	22,527,680	16,058,044	163,026,748
イ　単位数									（単位：千円）
居宅（介護予防）サービス	7,680,918	16,858,361	-	104,412,441	120,919,595	103,973,318	89,612,000	68,028,262	511,484,895
訪問サービス	1,457,992	3,650,757	-	24,145,971	30,605,698	27,970,657	29,935,283	31,728,755	149,495,113
訪問介護	29	△82	-	14,865,689	19,018,064	18,920,267	20,230,597	20,647,223	93,681,787
訪問入浴介護	1,567	19,044	-	108,086	359,514	591,482	1,377,588	2,729,001	5,186,282
訪問看護	898,741	2,512,249	-	5,759,880	7,052,842	4,882,522	4,960,507	5,473,204	31,539,945
訪問リハビリテーション	195,326	642,523	-	934,020	1,281,798	914,475	757,120	611,252	5,336,513
居宅療養管理指導	362,328	477,023	-	2,478,297	2,893,480	2,661,911	2,609,472	2,268,074	13,750,586
通所サービス	1,953,792	5,432,480	-	44,726,851	47,905,451	34,088,828	22,833,008	12,465,323	169,405,734
通所介護	△390	△873	-	34,172,140	35,824,198	26,298,187	17,748,383	10,084,630	124,126,276
通所リハビリテーション	1,954,182	5,433,352	-	10,554,711	12,081,254	7,790,641	5,084,625	2,380,692	45,279,458
短期入所サービス	68,857	355,602	-	4,313,026	8,300,091	14,698,806	11,717,300	6,480,294	45,933,977
短期入所生活介護	63,301	318,794	-	3,826,748	7,400,802	13,448,114	10,577,887	5,615,941	41,251,586
短期入所療養介護（老健）	5,256	35,916	-	473,682	876,490	1,209,532	1,088,598	806,236	4,495,709
短期入所療養介護（病院等）	288	639	-	9,908	17,413	35,399	43,457	48,031	155,136
短期入所療養介護（介護医療院）	11	253		2,688	5,387	5,761	7,359	10,086	31,546
福祉用具・住宅改修サービス	1,389,772	3,092,735	-	4,108,516	9,604,107	7,286,795	6,586,244	5,149,437	37,217,607
福祉用具貸与	1,389,772	3,092,735	-	4,108,516	9,604,107	7,286,795	6,586,244	5,149,437	37,217,607
特定施設入居者生活介護	1,356,673	1,958,966	-	12,354,043	11,602,456	10,872,819	12,572,481	8,581,496	59,298,933
介護予防支援・居宅介護支援	1,453,831	2,367,821	-	14,764,034	12,901,791	9,055,412	5,967,684	3,622,958	50,133,532
地域密着型（介護予防）サービス	321,287	1,084,624	-	32,588,830	40,257,323	43,779,384	36,106,182	26,465,142	180,602,771
定期巡回・随時対応型訪問介護看護	-	5	-	755,933	1,194,655	1,311,549	1,580,502	1,263,444	6,106,089
夜間対応型訪問介護	-	-	-	31,293	58,562	66,045	80,922	92,219	329,040
地域密着型通所介護	50	99	-	11,012,611	11,199,628	8,530,045	5,323,931	3,214,649	39,281,015
認知症対応型通所介護	18,759	32,961	-	1,556,447	1,832,084	2,168,846	1,265,003	1,083,388	7,957,488
小規模多機能型居宅介護	302,444	707,156	-	4,893,094	6,350,301	6,766,105	4,953,686	3,022,362	26,995,148
認知症対応型共同生活介護	33	344,402	-	13,426,822	17,794,774	18,417,915	12,170,504	8,324,627	70,479,083
地域密着型特定施設入居者生活介護	-	-	-	322,666	481,985	464,767	502,653	321,099	2,093,169
地域密着型介護老人福祉施設入所者生活介護	1	-	-	158,005	537,716	5,072,342	9,066,252	7,780,778	22,615,094
複合型サービス（看護小規模多機能型居宅介護）	-	-	-	431,953	807,617	981,769	1,163,081	1,362,224	4,746,645
施設サービス	110	47	-	15,738,980	29,282,683	78,196,971	121,741,959	100,938,477	345,899,226
介護老人福祉施設	16	-		1,733,914	5,603,093	44,338,634	74,945,525	64,235,010	190,856,192
介護老人保健施設	94	47		13,715,842	23,020,058	31,783,558	37,793,747	24,629,090	130,942,436
介護療養型医療施設	-	-		90,346	192,811	627,780	3,089,927	4,456,324	8,457,189
介護医療院	-	-		198,878	466,722	1,446,998	5,912,759	7,618,053	15,643,409
イ合計	8,002,315	17,943,032	-	152,740,251	190,459,601	225,949,672	247,460,141	195,431,881	1,037,986,893

種類	要支援1	要支援2	経過的要介護	要介護1	要介護2	要介護3	要介護4	要介護5	合計
ウ　費用額									（単位：千円）
居宅（介護予防）サービス	89,239,110	183,688,009	-	1,087,053,881	1,257,274,191	1,079,783,703	931,145,674	708,473,052	5,336,657,619
訪問サービス	15,104,723	38,101,909	-	251,577,567	320,530,834	292,979,115	313,436,007	333,364,955	1,565,095,110
訪問介護	312	△837	-	155,292,915	199,864,263	198,980,363	212,659,667	217,721,055	984,517,738
訪問入浴介護	16,247	197,388	-	1,124,716	3,755,719	6,201,795	14,485,678	28,886,420	54,667,962
訪問看護	9,457,608	26,517,390	-	60,752,880	74,717,011	51,708,756	52,358,298	57,749,467	333,261,409
訪問リハビリテーション	2,007,336	6,617,738	-	9,624,106	13,258,998	9,463,256	7,837,652	6,327,317	55,136,402
居宅療養管理指導	3,623,221	4,770,231	-	24,782,950	28,934,843	26,624,945	26,094,712	22,680,697	137,511,598
通所サービス	19,990,975	55,560,825	-	456,759,729	490,355,315	349,027,667	233,540,109	127,588,696	1,732,823,367
通所介護	△4,034	△9,073	-	349,059,427	366,509,248	269,022,529	181,246,048	103,063,329	1,268,887,474
通所リハビリテーション	19,995,008	55,569,948	-	107,700,302	123,846,067	80,005,137	52,294,062	24,525,367	463,935,892
短期入所サービス	701,634	3,626,232	-	44,043,827	84,895,567	150,700,648	120,142,480	66,578,947	470,689,334
短期入所生活介護	645,286	3,252,293	-	39,097,976	75,722,335	137,923,850	108,495,083	57,722,678	422,859,502
短期入所療養介護（老健）	53,329	364,960	-	4,818,655	8,942,500	12,359,003	11,131,845	8,263,646	45,933,939
短期入所療養介護（病院等）	2,904	6,434	-	100,089	176,379	359,396	441,366	490,297	1,576,866
短期入所療養介護（介護医院）	114	2,545		27,107	54,352	58,399	74,187	102,325	319,028
福祉用具・住宅改修サービス	24,224,165	41,448,204	-	53,328,352	106,588,393	79,735,564	71,002,031	53,499,959	429,826,668
福祉用具貸与	13,897,754	30,927,351	-	41,085,151	96,040,966	72,867,994	65,862,423	51,494,301	372,175,943
福祉用具購入費	1,699,797	2,297,703	-	3,148,632	3,533,516	2,580,695	2,101,788	906,211	16,268,342
住宅改修費	8,626,613	8,223,150	-	9,094,570	7,013,910	4,286,875	3,037,819	1,099,447	41,382,383
特定施設入居者生活介護	14,089,580	20,301,706	-	128,001,961	120,389,865	112,946,336	130,795,678	89,530,154	616,055,280
介護予防支援・居宅介護支援	15,128,033	24,649,083	-	153,342,444	134,514,217	94,394,373	62,229,269	37,910,342	522,167,861
地域密着型（介護予防）サービス	3,267,427	11,025,126	-	333,216,380	412,221,280	448,299,344	369,206,672	270,967,995	1,848,204,225
定期巡回・随時対応型訪問介護看護	-	55		7,834,279	12,399,984	13,649,573	16,499,331	13,242,479	63,625,701
夜間対応型訪問介護				333,965	631,861	709,189	861,982	999,347	3,536,343
地域密着型通所介護	517	1,029		112,960,211	115,053,094	87,687,040	54,678,667	33,026,873	403,347,431
認知症対応型通所介護	190,418	335,188		15,966,872	18,880,591	22,468,901	13,111,295	11,296,069	82,249,334
小規模多機能型居宅介護	3,076,151	7,195,316		49,899,465	64,869,206	69,234,859	50,702,846	30,969,702	275,947,545
認知症対応型共同生活介護	331	3,493,540		136,970,939	181,724,894	188,245,716	124,377,310	85,222,471	720,035,200
地域密着型特定施設入居者生活介護				3,277,121	4,900,026	4,724,610	5,111,999	3,266,565	21,280,322
地域密着型介護老人福祉施設入所者生活介護	10			1,603,317	5,460,417	51,489,356	91,886,897	78,862,926	229,302,923
複合型サービス（看護小規模多機能型居宅介護）	-	-		4,430,211	8,301,207	10,090,101	11,976,345	14,081,562	48,879,427
施設サービス	1,143	468		160,602,906	299,602,069	801,096,653	1,245,994,025	1,032,547,576	3,539,844,842
介護老人福祉施設	159			17,794,770	57,617,789	454,904,293	767,642,800	657,824,306	1,955,784,116
介護老人保健施設	984	468		139,891,092	235,317,040	325,169,727	386,827,638	251,648,284	1,338,855,234
介護療養型医療施設	-			913,830	1,956,000	6,378,172	31,536,822	45,584,550	86,369,374
介護医院	-			2,003,215	4,711,240	14,644,460	59,986,764	77,490,437	158,836,117
ウ合計	92,507,680	194,713,605	-	1,580,873,168	1,969,097,540	2,329,179,700	2,546,346,372	2,011,988,622	10,724,706,686
エ　給付費									（単位：千円）
居宅（介護予防）サービス	80,500,018	165,392,183	-	980,764,069	1,129,703,567	967,500,597	831,481,767	631,831,775	4,787,173,977
訪問サービス	13,285,716	33,619,586	-	222,842,903	283,934,647	259,500,800	277,590,439	295,522,669	1,386,296,760
訪問介護	223	△768	-	137,931,615	177,533,054	176,630,584	188,670,594	193,267,264	874,032,567
訪問入浴介護	14,406	175,340	-	995,564	3,326,338	5,485,048	12,818,431	25,574,461	48,389,589
訪問看護	8,332,226	23,401,005	-	53,565,500	65,839,189	45,560,543	46,194,194	51,077,833	293,970,489
訪問リハビリテーション	1,770,606	5,850,840	-	8,482,766	11,694,925	8,347,271	6,907,314	5,578,825	48,632,548
居宅療養管理指導	3,168,255	4,193,168	-	21,867,458	25,541,140	23,477,355	22,999,905	20,024,286	121,271,567
通所サービス	17,738,805	49,378,707	-	406,093,037	435,924,687	310,212,924	207,654,073	113,520,366	1,540,522,599
通所介護	△3,626	△8,188	-	310,510,949	326,059,299	239,322,956	161,316,760	91,786,941	1,128,985,092
通所リハビリテーション	17,742,431	49,386,895	-	95,582,088	109,865,388	70,889,968	46,337,313	21,733,425	411,537,508
短期入所サービス	622,983	3,229,887	-	39,183,215	75,615,622	134,206,326	106,946,508	59,297,670	419,102,211
短期入所生活介護	572,978	2,896,950	-	34,789,512	67,459,098	122,865,055	96,621,173	51,435,691	376,640,457
短期入所療養介護（老健）	47,321	325,023	-	4,280,404	7,951,399	10,967,854	9,867,611	7,332,959	40,772,571
短期入所療養介護（病院等）	2,581	5,671	-	89,064	156,756	321,292	391,923	437,537	1,404,824
短期入所療養介護（介護医院）	103	2,243		24,235	48,368	52,125	65,801	91,483	284,359
福祉用具・住宅改修サービス	21,476,752	36,813,201	-	47,262,308	94,517,838	70,673,033	62,915,264	47,437,691	381,096,086
福祉用具貸与	12,361,149	27,524,397	-	36,497,014	85,233,639	64,634,379	58,403,507	45,683,268	330,337,352
福祉用具購入費	1,508,725	2,037,302	-	2,778,127	3,119,621	2,274,896	1,848,404	795,491	14,362,565
住宅改修費	7,606,879	7,251,502	-	7,987,167	6,164,577	3,763,758	2,663,353	958,932	36,396,169
特定施設入居者生活介護	12,247,729	17,701,758	-	112,041,194	105,197,820	98,513,592	114,146,511	78,143,349	537,991,952
介護予防支援・居宅介護支援	15,128,033	24,649,045	-	153,341,412	134,512,953	94,393,922	62,228,973	37,910,030	522,164,368
地域密着型（介護予防）サービス	2,904,007	9,834,346	-	296,877,695	367,153,550	399,010,699	328,768,275	241,385,844	1,645,934,416
定期巡回・随時対応型訪問介護看護	-	49		6,936,601	10,965,845	12,061,686	14,561,129	11,704,003	56,229,313
夜間対応型訪問介護				296,023	504,175	621,111	753,983	873,110	3,103,402
地域密着型通所介護	455	905		100,411,169	102,396,790	78,063,204	48,703,621	29,439,731	359,015,876
認知症対応型通所介護	170,060	299,541		14,196,504	16,762,406	19,933,611	11,657,116	10,030,515	73,049,754
小規模多機能型居宅介護	2,733,184	6,413,818		44,481,787	57,796,460	61,645,789	45,143,330	27,563,508	245,777,877
認知症対応型共同生活介護	298	3,120,032		122,292,741	162,095,833	167,576,637	110,752,967	75,959,157	641,797,664
地域密着型特定施設入居者生活介護				2,895,938	4,335,492	4,162,995	4,513,354	2,878,854	18,786,634
地域密着型介護老人福祉施設入所者生活介護	9	-		1,435,089	4,887,631	46,013,895	82,083,346	70,466,521	204,886,490
複合型サービス（看護小規模多機能型居宅介護）	-	-		3,931,844	7,353,917	8,931,770	10,599,430	12,470,445	43,287,406
施設サービス	1,013	422		143,546,029	267,683,731	715,676,597	1,113,163,771	922,836,422	3,162,907,984
介護老人福祉施設	143			15,949,326	51,614,505	406,818,666	686,677,206	588,749,413	1,749,809,329
介護老人保健施設	870	422		124,998,020	210,136,890	290,105,491	344,873,949	224,423,679	1,194,539,321
介護療養型医療施設	-			814,394	1,731,128	5,674,416	28,080,104	40,600,547	76,900,590
介護医院	-			1,784,289	4,201,137	13,078,024	53,532,511	69,062,783	141,658,745
エ合計	83,405,037	175,226,951	-	1,421,187,793	1,764,540,848	2,082,187,894	2,273,413,812	1,796,054,042	9,596,016,377

出典：厚生労働省令和2年度介護保険事業状況報告

⑩介護サービス施設・事業所数

| | 令和3年
(2021) | 令和2年
(2020) | 対前年 | |
			増減（△）数	増減率（％）
介護保険施設				
介護老人福祉施設	8 414	8 306	108	1.3
介護老人保健施設	4 279	4 304	△ 25	△ 0.6
介護医療院	617	536	81	15.1
介護療養型医療施設	421	556	△ 135	△ 24.3
介護予防サービス事業所				
介護予防訪問入浴介護	1 483	1 561	△ 78	△ 5.0
介護予防訪問看護ステーション	13 221	12 115	1 106	9.1
介護予防通所リハビリテーション	8 225	8 274	△ 49	△ 0.6
介護予防短期入所生活介護	11 256	11 134	122	1.1
介護予防短期入所療養介護	4 966	5 098	△ 132	△ 2.6
介護予防特定施設入居者生活介護	5 174	5 033	141	2.8
介護予防福祉用具貸与	7 648	7 463	185	2.5
特定介護予防福祉用具販売	7 636	7 506	130	1.7
地域密着型介護予防サービス事業所				
介護予防認知症対応型通所介護	3 445	3 536	△ 91	△ 2.6
介護予防小規模多機能型居宅介護	5 145	5 076	69	1.4
介護予防認知症対応型共同生活介護	13 703	13 612	91	0.7
介護予防支援事業所（地域包括支援センター）	5 280	5 249	31	0.6
居宅サービス事業所				
訪問介護	35 612	35 075	537	1.5
訪問入浴介護	1 705	1 708	△ 3	△ 0.2
訪問看護ステーション	13 554	12 393	1 161	9.4
通所介護	24 428	24 087	341	1.4
通所リハビリテーション	8 308	8 349	△ 41	△ 0.5
短期入所生活介護	11 790	11 668	122	1.0
短期入所療養介護	5 068	5 220	△ 152	△ 2.9
特定施設入居者生活介護	5 610	5 454	156	2.9
福祉用具貸与	7 770	7 545	225	3.0
特定福祉用具販売	7 657	7 529	128	1.7
地域密着型サービス事業所				
定期巡回・随時対応型訪問介護看護	1 178	1 099	79	7.2
夜間対応型訪問介護	221	220	1	0.5
地域密着型通所介護	19 578	19 667	△ 89	△ 0.5
認知症対応型通所介護	3 753	3 868	△ 115	△ 3.0
小規模多機能型居宅介護	5 614	5 556	58	1.0
認知症対応型共同生活介護	14 085	13 977	108	0.8
地域密着型特定施設入居者生活介護	365	354	11	3.1
複合型サービス（看護小規模多機能型居宅介護）	817	711	106	14.9
地域密着型介護老人福祉施設	2 474	2 413	61	2.5
居宅介護支援事業所	39 047	39 284	△ 237	△ 0.6

注：複数のサービスを提供している事業所は、各々に計上している。

出典：厚生労働省　令和3年介護サービス施設・事業所調査

⑪令和2年度介護事業経営実態調査結果の概要

○ 調査の目的
　　各サービス施設・事業所の経営状況を把握し、次期介護保険制度の改正及び介護報酬の改定に必要な基礎資料を得る。
○ 調査時期
　　令和2年5月（令和元年度決算を調査）
○ 調査対象等
　　・調査対象　　　全ての介護保険サービス
　　・抽出方法　　　調査対象サービスごとに、層化無作為抽出法により1／1～1／20で抽出
　　・調査客体数　　調査客体数：31,773施設・事業所
　　　　　　　　　　有効回答数：14,376施設・事業所（有効回答率：45.2%）
　　・調査項目　　　サービス提供の状況、居室・設備等の状況、職員配置・給与、収入の状況、支出の状況　等

各介護サービスにおける収支差率

サービスの種類	令和元年度概況調査	令和2年度実態調査		サービスの種類	令和元年度概況調査	令和2年度実態調査	
	平成30年度決算	令和元年度決算	対30年度増減		平成30年度決算	令和元年度決算	対30年度増減
施設サービス （）内は税引後収支差率				福祉用具貸与	4.2%（3.4%）	4.7%（3.5%）	｜0.5%（+0.1%）
介護老人福祉施設	1.8%（1.8%）	1.6%（1.6%）	△0.2%（△0.2%）	居宅介護支援	△0.1%（△0.4%）	△1.6%（△1.9%）	△1.5%（△1.5%）
介護老人保健施設	3.6%（3.4%）	2.4%（2.2%）	△1.2%（△1.2%）	地域密着型サービス （）内は税引後収支差率			
介護療養型医療施設	4.0%（3.2%）	2.8%（2.3%）	△1.2%（△0.9%）	定期巡回・随時対応型訪問介護看護	8.7%（8.5%）	6.6%（6.0%）	△2.1%（△2.5%）
介護医療院	-	※5.2%（※4.7%）	-	夜間対応型訪問介護	※5.4%（※5.3%）	※2.5%（※2.0%）	△2.9%（△3.3%）
居宅サービス （）内は税引後収支差率				地域密着型通所介護	2.6%（2.3%）	1.8%（1.5%）	△0.8%（△0.8%）
訪問介護	4.5%（4.1%）	2.6%（2.3%）	△1.9%（△1.8%）	認知症対応型通所介護	7.4%（7.2%）	5.6%（5.4%）	△1.8%（△1.8%）
訪問入浴介護	2.6%（1.2%）	3.6%（2.7%）	+1.0%（+1.5%）	小規模多機能型居宅介護	2.8%（2.5%）	3.1%（2.9%）	+0.3%（+0.4%）
訪問看護	4.2%（4.0%）	4.4%（4.2%）	+0.2%（+0.2%）	認知症対応型共同生活介護	4.7%（4.4%）	3.1%（2.7%）	△1.6%（△1.7%）
訪問リハビリテーション	3.2%（2.6%）	2.4%（1.9%）	△0.8%（△0.7%）	地域密着型特定施設入居者生活介護	1.5%（1.2%）	1.0%（0.6%）	△0.5%（△0.6%）
通所介護	3.3%（2.8%）	3.2%（2.9%）	△0.1%（+0.1%）	地域密着型介護老人福祉施設	2.0%（2.0%）	1.3%（1.3%）	△0.7%（△0.7%）
通所リハビリテーション	3.1%（2.6%）	1.8%（1.4%）	△1.3%（△1.2%）	看護小規模多機能型居宅介護	5.9%（5.6%）	3.3%（3.1%）	△2.6%（△2.5%）
短期入所生活介護	3.4%（3.3%）	2.5%（2.3%）	△0.9%（△1.0%）	全サービス平均 （）内は税引後収支差率	3.1%（2.8%）	2.4%（2.1%）	△0.7%（△0.7%）
特定施設入居者生活介護	2.6%（1.3%）	3.0%（1.9%）	+0.4%（+0.6%）				

収支差率＝（介護サービスの収益額－介護サービスの費用額）／介護サービスの収益額
　・介護サービスの収益額は、介護事業収益と借入金利息補助金収益の合計額
　　※介護事業収益は、介護報酬による収入（利用者負担分含む）、保険外利用料収入、補助金収入（運営費に係るものに限る）の合計額
　・介護サービスの費用額は、介護事業費用、借入金利息及び本部費繰入（本部経費）の合計額
注1：収支差率に「※」のあるサービスについては、集計施設・事業所数が少なく、集計結果に個々のデータが大きく影響していると考えられるため、参考数値として公表している。
注2：全サービス平均の収支差率については、総費用額に対するサービス毎の費用額の構成比に基づいて算出した加重平均値である。

各介護サービスの収支差率及び給与費割合（過去の調査結果との比較）

	令和元年度概況調査				令和2年度実態調査			
	平成29年度決算		平成30年度決算		令和元年度決算			
	収支差率()内は税引後	収入に対する給与費の割合	収支差率()内は税引後	収入に対する給与費の割合	収支差率()内は税引後	対30年度増減	収入に対する給与費の割合	対30年度増減
施設サービス								
1 介護老人福祉施設	1.7% (1.7%)	63.8%	1.8% (1.8%)	63.6%	1.6% (1.6%)	△0.2%	63.6%	0.0%
2 介護老人保健施設	3.9% (3.7%)	59.8%	3.6% (3.4%)	60.5%	2.4% (2.2%)	△1.2%	61.7%	+1.2%
3 介護療養型医療施設	5.0% (4.0%)	59.0%	4.0% (3.2%)	59.8%	2.8% (2.3%)	△1.2%	60.9%	+1.1%
4 介護医療院	-	-	-	-	※5.2% ※(4.7%)	-	59.4%	-
居宅サービス								
5 訪問介護	6.0% (5.6%)	76.4%	4.5% (4.1%)	77.2%	2.6% (2.3%)	△1.9%	77.6%	+0.4%
6 訪問入浴介護 (介護予防を含む)	3.5% (2.0%)	65.4%	2.6% (1.2%)	65.7%	3.6% (2.7%)	+1.0%	66.0%	+0.3%
7 訪問看護 (介護予防を含む)	4.6% (4.3%)	76.5%	4.2% (4.0%)	76.5%	4.4% (4.2%)	+0.2%	78.0%	+1.5%
8 訪問リハビリテーション (介護予防を含む)	4.6% (4.0%)	69.6%	3.2% (2.6%)	71.1%	2.4% (1.9%)	△0.8%	72.3%	+1.2%
9 通所介護	5.5% (4.9%)	61.9%	3.3% (2.8%)	63.3%	3.2% (2.9%)	△0.1%	63.8%	+0.5%
10 通所リハビリテーション (介護予防を含む)	5.7% (5.1%)	64.3%	3.1% (2.6%)	66.2%	1.8% (1.4%)	△1.3%	66.7%	+0.5%
11 短期入所生活介護 (介護予防を含む)	4.9% (4.8%)	63.3%	3.4% (3.3%)	64.1%	2.5% (2.3%)	△0.9%	63.7%	△0.4%
12 特定施設入居者生活介護 (介護予防を含む)	1.9% (0.7%)	44.6%	2.6% (1.3%)	44.6%	3.0% (1.9%)	+0.4%	44.9%	+0.3%
13 福祉用具貸与 (介護予防を含む)	4.7% (4.0%)	36.0%	4.2% (3.4%)	36.5%	4.7% (3.5%)	+0.5%	33.9%	△2.6%
14 居宅介護支援	△0.2% (△0.4%)	83.7%	△0.1% (△0.4%)	83.4%	△1.6% (△1.9%)	△1.5%	83.6%	+0.2%
地域密着型サービス								
15 定期巡回・随時対応型訪問介護看護	6.3% (6.0%)	81.1%	8.7% (8.5%)	79.1%	6.6% (6.0%)	△2.1%	78.8%	△0.3%
16 夜間対応型訪問介護	※ 4.2% ※ (4.2%)	76.3%	※ 5.4% ※ (5.3%)	76.7%	※2.5% ※ (2.0%)	△2.9%	82.8%	+6.1%
17 地域密着型通所介護	4.4% (4.0%)	63.6%	2.6% (2.3%)	64.5%	1.8% (1.5%)	△0.8%	64.2%	△0.3%
18 認知症対応型通所介護 (介護予防を含む)	6.0% (5.8%)	66.4%	7.4% (7.2%)	65.5%	5.6%	△1.8%	66.9%	+1.4%
19 小規模多機能型居宅介護 (介護予防を含む)	3.4% (3.0%)	67.7%	2.8% (2.5%)	68.5%	3.1% (2.9%)	+0.3%	67.9%	△0.6%
20 認知症対応型共同生活介護 (介護予防を含む)	5.1% (4.9%)	61.6%	4.7% (4.4%)	61.8%	3.1% (2.7%)	△1.6%	64.2%	+2.4%
21 地域密着型特定施設入居者生活介護	1.9% (1.6%)	57.2%	1.5% (1.2%)	58.4%	1.0% (0.6%)	△0.5%	59.3%	+0.9%
22 地域密着型介護老人福祉施設	0.5% (0.5%)	64.7%	2.0% (2.0%)	63.6%	1.3% (1.3%)	△0.7%	64.7%	+1.1%
23 看護小規模多機能型居宅介護	4.6% (4.2%)	68.4%	5.9% (5.6%)	67.7%	3.3% (3.1%)	△2.6%	68.9%	+1.2%

注：収支差率に「※」のあるサービスについては、集計施設・事業所数が少なく、集計結果に個々のデータが大きく影響していると考えられるため、参考数値として公表している。

有効回答数及び有効回答率の状況

		令和2年度実態調査			平成29年度実態調査			(参考) 令和元年度概況調査		
		調査客体数	有効回答数	有効回答率	調査客体数	有効回答数	有効回答率	調査客体数	有効回答数	有効回答率
1	介護老人福祉施設	2,132	1,442	67.6%	2,069	1,340	64.8%	2,040	1,257	61.6%
2	介護老人保健施設	1,196	630	52.7%	1,217	672	55.2%	1,176	603	51.3%
3	介護療養型医療施設	287	107	37.3%	589	256	43.5%	268	112	41.8%
4	介護医療院	199	88	44.2%	-	-	-	-	-	-
5	訪問介護	2,961	1,299	43.9%	2,905	1,523	52.4%	1,160	470	40.5%
6	訪問入浴介護	841	433	51.5%	979	589	60.2%	492	235	47.8%
7	訪問看護	1,017	450	44.2%	989	555	56.1%	428	219	51.2%
8	訪問リハビリテーション	1,965	619	31.5%	1,907	656	34.4%	643	217	33.7%
9	通所介護	2,214	1,193	53.9%	2,074	1,131	54.5%	834	426	51.1%
10	通所リハビリテーション	1,500	623	41.5%	1,527	666	43.6%	765	366	47.8%
11	短期入所生活介護	1,448	785	54.2%	1,467	713	48.6%	582	348	59.8%
12	特定施設入居者生活介護	1,269	497	39.2%	1,368	545	39.8%	951	360	37.9%
13	福祉用具貸与	3,219	1,134	35.2%	3,530	1,408	39.9%	365	130	35.6%
14	居宅介護支援	1,782	768	43.1%	1,954	910	46.6%	1,363	605	44.4%
15	定期巡回・随時対応型訪問介護看護	747	320	42.8%	471	192	40.8%	500	215	43.0%
16	夜間対応型訪問介護	123	44	35.8%	147	51	34.7%	115	51	44.3%
17	地域密着型通所介護	1,697	606	35.7%	2,012	820	40.8%	638	240	37.6%
18	認知症対応型通所介護	1,539	636	41.3%	1,712	689	40.2%	458	229	50.0%
19	小規模多機能型居宅介護	2,562	1,144	44.7%	2,512	1,051	41.8%	527	228	43.3%
20	認知症対応型共同生活介護	1,187	469	39.5%	1,058	477	45.1%	719	338	47.0%
21	地域密着型特定施設入居者生活介護	316	156	49.4%	251	119	47.4%	282	158	56.0%
22	地域密着型介護老人福祉施設	1,126	718	63.8%	997	604	60.6%	649	387	59.6%
23	看護小規模多機能型居宅介護	446	215	48.2%	209	95	45.5%	253	136	53.8%
	合計	31,773	14,376	45.2%	31,944	15,062	47.2%	15,208	7,330	48.2%

各介護サービスの状況（令和元年度決算）

		延べ利用者1人あたり収入 （1日あたり）	延べ利用者1人あたり支出 （1日あたり）	収入に対する 給与費の割合	収支差率 （）内は税引後
	施設サービス				
1	介護老人福祉施設	12,678円	12,478円	63.6%	1.6% (1.6%)
2	介護老人保健施設	13,916円	13,581円	61.7%	2.4% (2.2%)
3	介護療養型医療施設	16,538円	16,077円	60.9%	2.8% (2.3%)
4	※ 介護医療院	17,125円	16,239円	59.4%	5.2% (4.7%)
	居宅サービス				
5	訪問介護	3,625円※1	3,529円※1	77.6%	2.6% (2.3%)
6	訪問入浴介護 （介護予防を含む）	13,106円※1	12,629円※1	66.0%	3.6% (2.7%)
7	訪問看護 （介護予防を含む）	8,056円※1	7,700円※1	78.0%	4.4% (4.2%)
8	訪問リハビリテーション （介護予防を含む）	4,228円※1	4,128円※1	72.3%	2.4% (1.9%)
9	通所介護	9,462円	9,157円	63.8%	3.2% (2.9%)
10	通所リハビリテーション （介護予防を含む）	10,555円	10,366円	66.7%	1.8% (1.4%)
11	短期入所生活介護 （介護予防を含む）	12,811円	12,496円	63.7%	2.5% (2.3%)
12	特定施設入居者生活介護 （介護予防を含む）	13,439円	13,039円	44.9%	3.0% (1.9%)
13	福祉用具貸与 （介護予防を含む）	13,629円※2	12,988円※2	33.9%	4.7% (3.5%)
14	居宅介護支援	12,021円※2	12,211円※2	83.6%	△1.6% (△1.9%)
	地域密着型サービス				
15	定期巡回・随時対応型訪問介護看護	158,406円※2	147,897円※2	78.8%	6.6% (6.0%)
16	※ 夜間対応型訪問介護	9,173円※1	8,940円※1	82.8%	2.5% (2.0%)
17	地域密着型通所介護	9,617円	9,441円	64.2%	1.8% (1.5%)
18	認知症対応型通所介護 （介護予防を含む）	13,257円	12,508円	66.9%	5.6% (5.4%)
19	小規模多機能型居宅介護 （介護予防を含む）	238,640円※2	231,136円※2	67.9%	3.1% (2.9%)
20	認知症対応型共同生活介護 （介護予防を含む）	13,395円	12,977円	64.2%	3.1% (2.7%)
21	地域密着型特定施設入居者生活介護	12,298円	12,170円	59.3%	1.0% (0.6%)
22	地域密着型介護老人福祉施設	13,966円	13,778円	64.7%	1.3% (1.3%)
23	看護小規模多機能型居宅介護	306,860円※2	296,634円※2	68.9%	3.3% (3.1%)

※1：訪問1回あたり
※2：実利用者1人あたり（1ヶ月あたり）
注：サービス名に「※」のあるサービスについては、集計施設・事業所数が少なく、集計結果に個々のデータが大きく影響していると考えられるため、
　　参考数値として公表している。

介護事業経営概況調査と介護事業経営実態調査の比較

	介護事業経営概況調査	介護事業経営実態調査
調査の目的	各サービス施設・事業所の経営状態を把握し、次期介護保険制度の改正及び介護報酬の改定に必要な基礎資料を得る。	
調査対象	全ての介護保険サービス（介護保険施設、居宅サービス事業所、地域密着型サービス事業所）	
調査の周期	3年周期	
調査時期	改定後2年目の5月 （前回調査：令和元年5月）	改定後3年目の5月 （今回調査：令和2年5月）
調査対象期間	改定前後の2年分の収支状況	改定後2年目の1年分の収支状況
調査の方法	郵送＋電子調査	
調査客体数	15,208（令和元年度調査）	31,773（令和2年度調査）
有効回答数	7,330（令和元年度調査）	14,376（令和2年度調査）
有効回答率	48.2%（令和元年度調査）	45.2%（令和2年度調査）
公表時期	調査年の12月	調査年の10月

介護事業経営概況調査と介護事業経営実態調査の調査対象期間等（イメージ）

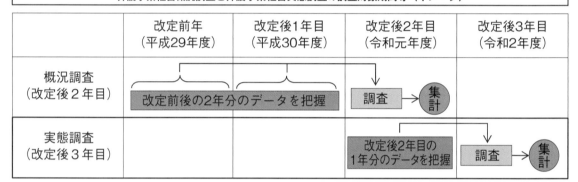

⑫令和3年度「高齢者虐待防止、高齢者の養護者に対する支援等に関する法律」に基づく対応状況等に関する調査結果（抜粋）

表1　高齢者虐待の判断件数、相談・通報件数（令和2年度対比）

| | 養介護施設従事者等（※1）によるもの | | 養護者（※2）によるもの | |
	虐待判断件数 （※3）	相談・通報件数 （※4）	虐待判断件数 （※3）	相談・通報件数 （※4）
令和3年度	739 件	2,390 件	16,426 件	36,378 件
令和2年度	595 件	2,097 件	17,281 件	35,774 件
増減 （増減率）	144 件 （24.2%）	293 件 （14.0%）	-855 件 （-4.9%）	604 件 （1.7%）

※1　介護老人福祉施設など養介護施設又は居宅サービス事業など養介護事業の業務に従事する者
※2　高齢者の世話をしている家族、親族、同居人等
※3　調査対象年度（令和3年4月1日から令和4年3月31日）に市町村等が虐待と判断した件数（施設従事者等による虐待においては、都道府県と市町村が共同で調査・判断した事例及び都道府県が直接受理し判断した事例を含む。）
※4　調査対象年度（同上）に市町村が相談・通報を受理した件数

図1　養介護施設従事者等による高齢者虐待の
相談・通報件数と虐待判断件数の推移

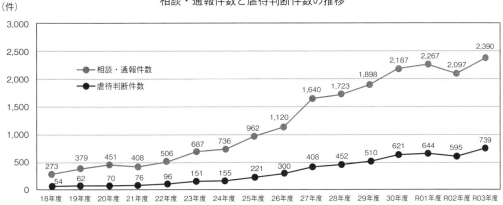

図2　養護者による高齢者虐待の
相談・通報件数と虐待判断件数の推移

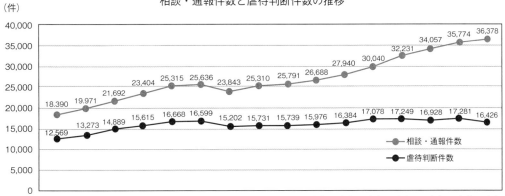

出典：厚生労働省資料

⑬身体障害者手帳交付台帳登載数、障害の種類別

年次	総数			視覚障害	聴覚・平衡機能障害	音声・言語・そしゃく機能障害	肢体不自由	内部障害
	総数	18歳未満	18歳以上					
昭和 40 年度末	1 214 683	110 337	1 104 346	252 736	191 915	20 469	749 563	・
41	1 289 502	114 702	1 174 800	263 289	205 331	21 893	798 989	・
42	1 363 015	111 148	1 251 867	277 546	220 078	22 279	842 129	983
43	1 458 786	114 413	1 344 373	292 443	236 570	23 057	900 770	5 946
44	1 539 452	117 815	1 421 637	304 687	252 103	23 582	949 912	9 168
45	1 620 362	120 748	1 499 614	315 976	267 138	24 314	1 000 262	12 672
46	1 703 877	121 366	1 582 511	330 291	283 393	25 245	1 049 156	15 792
47	1 797 993	123 142	1 674 851	344 812	301 999	26 198	1 101 406	23 578
48	1 910 816	128 775	1 782 041	359 151	320 611	27 576	1 171 353	32 125
49	2 017 112	128 550	1 888 562	371 338	339 430	27 859	1 235 171	43 314
50	2 132 043	126 952	2 005 091	385 661	357 785	27 752	1 303 954	56 891
51	2 220 567	123 735	2 096 832	392 847	371 056	27 862	1 357 463	71 339
52	2 312 589	122 003	2 190 586	401 957	383 001	28 001	1 413 113	86 517
53	2 400 072	119 080	2 280 992	407 150	394 105	28 492	1 466 369	103 956
54	2 496 944	120 472	2 376 472	415 489	405 517	29 041	1 523 986	122 911
55	2 585 829	122 204	2 463 625	421 503	414 362	29 848	1 576 763	143 353
56	2 664 811	121 946	2 542 865	426 337	420 394	30 552	1 623 355	164 173
57	2 717 236	121 228	2 596 008	424 412	422 184	31 462	1 654 203	184 975
58	2 807 387	122 247	2 685 140	429 847	429 117	31 957	1 706 883	209 583
59	2 911 265	123 728	2 787 537	434 138	435 878	33 136	1 755 136	252 977
60	3 004 780	123 802	2 880 978	436 508	440 412	34 262	1 800 491	293 107
61	3 103 790	124 478	2 979 312	438 795	444 874	35 409	1 851 947	332 765
62	3 198 965	124 202	3 074 763	440 046	446 760	37 214	1 900 552	374 393
63	3 291 596	124 172	3 167 424	441 009	449 312	38 554	1 947 821	414 900
平成 元 年度末	3 376 162	122 681	3 253 481	440 534	449 511	40 190	1 989 806	456 121
2	3 441 643	121 298	3 320 345	437 887	447 038	41 563	2 016 960	498 195
3	3 525 681	120 950	3 404 731	435 408	447 314	43 048	2 058 998	540 913
4	3 595 720	118 790	3 476 930	431 985	446 084	44 413	2 091 071	582 167
5	3 671 391	117 567	3 553 824	426 571	445 949	46 157	2 127 827	624 887
6	3 747 189	114 911	3 632 278	421 374	444 956	47 296	2 165 531	668 032
7	3 846 352	113 236	3 733 116	418 619	446 297	48 727	2 215 267	717 442
8	3 895 557	110 354	3 785 203	408 388	438 913	48 824	2 240 543	758 889
9	3 954 493	108 421	3 846 072	397 570	432 612	48 869	2 267 941	807 501
10	4 082 568	108 675	3 973 893	398 145	434 549	50 251	2 341 042	858 581
11	4 199 035	108 381	4 090 654	398 212	436 485	51 509	2 406 022	906 807
12	4 292 761	108 955	4 183 806	396 527	437 765	52 331	2 448 445	957 693
13	4 373 295	109 220	4 264 075	393 870	437 468	53 345	2 480 584	1 008 028
14	4 448 948	108 280	4 340 668	389 508	435 997	54 077	2 512 260	1 057 106
15	4 559 965	108 011	4 451 954	388 326	436 017	55 650	2 560 211	1 119 761
16	4 672 390	108 945	4 563 445	389 304	440 394	56 884	2 610 135	1 175 673
17	4 795 033	108 901	4 686 132	389 099	444 381	57 844	2 670 928	1 232 781
18	4 895 410	108 777	4 786 633	389 603	447 022	59 016	2 720 337	1 279 432
19	4 946 431	109 099	4 837 332	384 241	444 900	59 361	2 745 628	1 312 301
20	5 031 683	109 596	4 922 087	382 596	448 665	59 604	2 787 651	1 353 167
21	5 107 947	108 146	4 999 801	380 811	451 904	60 422	2 823 202	1 391 608
22	5 109 282	107 296	5 001 986	371 700	449 604	59 503	2 818 652	1 409 823
23	5 206 780	107 936	5 098 844	369 025	453 152	61 657	2 869 223	1 453 723
24	5 231 570	107 021	5 124 549	363 267	451 935	61 322	2 878 773	1 476 273
25	5 252 242	106 461	5 145 781	355 957	450 760	60 995	2 890 333	1 494 197
26	5 227 529	105 318	5 122 211	349 328	451 073	60 968	2 855 435	1 510 725
27	5 194 473	103 969	5 090 504	344 038	450 952	60 802	2 810 270	1 528 411
28	5 148 082	102 391	5 045 691	337 997	448 465	60 749	2 755 307	1 545 564
29	5 107 524	100 948	5 006 576	332 420	447 374	60 755	2 701 323	1 565 652
30	5 087 257	99 958	4 987 299	331 151	447 881	60 774	2 657 058	1 590 393
令和 元 年度末	5 054 188	98 369	4 955 819	330 344	448 153	60 399	2 605 642	1 609 650
2	4 977 249	96 341	4 880 908	325 437	444 241	60 136	2 532 190	1 615 245
3	4 910 098	94 051	4 816 047	322 310	443 013	59 240	2 462 523	1 623 012

注：1）平成22年度から、「内部障害」に「肝臓機能障害」が追加された。
　　2）平成22年度は、東日本大震災の影響により、福島県（郡山市及びいわき市以外）、仙台市を除いて集計した数値である。

⑭療育手帳交付台帳登載数、障害の程度、年齢区分別

年次	総数		A（重度）		B（中軽度）	
	18歳未満	18歳以上	18歳未満	18歳以上	18歳未満	18歳以上
昭 和 59 年 度 末	117 278	169 437	57 593	87 126	59 685	82 311
60	122 300	183 867	59 814	93 192	62 486	90 675
61	113 870	201 632	59 028	100 726	54 842	100 906
62	117 102	216 007	60 154	106 672	56 948	109 335
63	116 928	236 276	58 453	115 996	58 475	120 280
平 成 元 年 度 末	115 169	256 311	56 244	124 613	58 925	131 698
2	115 602	273 075	55 892	131 930	59 710	141 145
3	115 628	292 897	55 390	141 410	60 238	151 487
4	116 719	311 017	55 311	150 227	61 408	160 790
5	111 977	333 297	52 753	160 716	59 224	172 581
6	111 932	350 405	52 631	168 631	59 301	181 774
7	113 700	363 576	53 604	175 068	60 096	188 508
8	115 481	380 220	54 818	182 667	60 663	197 553
9	117 372	394 779	55 530	190 026	61 842	204 753
10	121 270	408 878	57 202	195 706	64 068	213 172
11	126 383	424 145	59 153	202 685	67 230	221 460
12	131 327	438 291	61 173	209 436	70 154	228 855
13	138 030	454 058	63 469	216 996	74 561	237 062
14	144 361	470 346	65 684	224 912	78 677	245 434
15	153 456	487 257	68 418	232 372	85 038	254 885
16	163 688	505 014	70 665	239 743	93 023	265 271
17	173 438	525 323	73 761	248 047	99 677	277 276
18	181 602	546 251	73 515	258 157	108 087	288 094
19	191 560	565 283	74 330	265 487	117 230	299 796
20	200 533	585 187	74 501	273 026	126 032	312 161
21	209 545	607 003	74 657	280 122	134 888	326 881
22	215 458	617 515	73 455	282 879	142 003	334 636
23	226 384	652 118	74 453	294 827	151 931	357 291
24	232 094	676 894	73 416	302 243	158 678	374 651
25	238 987	702 339	72 530	309 157	166 457	393 182
26	246 336	728 562	71 637	316 467	174 699	412 095
27	254 929	754 303	71 455	322 791	183 474	431 512
29	262 702	781 871	71 444	329 447	191 258	452 424
29	271 270	808 668	71 653	335 487	199 617	473 181
30	279 649	836 313	71 889	341 721	207 760	494 592
令 和 元 年 度 末	287 548	863 736	72 311	347 377	215 237	516 359
2	290 975	887 942	71 622	350 570	219 353	537 372
3	299 008	914 055	73 428	355 462	225 580	558 593

注：平成22年度末は、東日本大震災の影響により、福島県を除いて集計した数値である。

出典：厚生労働省　令和3年度福祉行政報告例

⑮精神障害者保健福祉手帳交付台帳登載数（有効期限切れを除く。）の年次推移

	29年度 （'17）	30年度 （'18）	令和元年度 （'19）	2年度 （'20）	3年度 （'21）	対前年度	
						増減数	増減率 （％）
精神障害者保健福祉手帳 交付台帳登載数 （有効期限切れを除く。）	991,816	1,062,700	1,135,450	1,180,269	1,263,460	83,191	7.0
（人口10万対）	782.8	840.5	900.0	935.6	1006.7		
1級	120,651	124,278	127,453	128,216	132,163	3,947	3.1
2級	590,557	630,373	670,107	694,351	743,152	48,801	7.0
3級	280,608	308,049	337,890	357,702	388,145	30,443	8.5

出典：厚生労働省　令和3年度衛生行政報告例

⑯障害福祉サービス等の事業の種類、年次別事業所数

	平成27年 2015年	平成28年 2016年	平成29年 2017年	平成30年 2018年	令和元年 2019年	令和2年 2020年	令和3年 2021年
居宅介護事業	22429	22943	23074	22936	23098	23741	24462
重度訪問介護事業	20786	21050	20952	20793	20789	21327	21802
同行援護事業	9854	10263	10356	9084	8523	8413	8255
行動援護事業	2425	2472	2495	2483	2563	2628	2694
療養介護事業	220	221	222	224	228	235	246
生活介護事業	6496	6933	7275	7630	8268	8637	9056
重度障害者等包括支援事業	34	38	29	23	19	21	20
計画相談支援事業	8053	8736	9241	9737	10255	10778	11237
地域相談支援（地域移行支援）事業	3136	3249	3301	3400	3409	3490	3588
地域相談支援（地域定着支援）事業	2995	3120	3166	3261	3266	3341	3435
短期入所事業	4833	5099	5333	5621	6000	6489	7057
共同生活援助事業	6762	7219	7590	8087	8643	9659	11056
自立訓練（機能訓練）事業	432	428	428	402	424	406	403
自立訓練（生活訓練）事業	1361	1353	1374	1341	1404	1440	1491
宿泊型自立訓練事業	230	232	225	224	225	233	225
就労移行支援事業	3146	3323	3471	3503	3399	3301	3353
就労継続支援（A型）事業	3018	3455	3776	3839	3860	3929	4130
就労継続支援（B型）事業	9431	10214	11041	11835	12497	13355	14407
自立生活援助事業	・	・	・	116	266	326	395
就労定着支援事業	・	・	・	308	1251	1421	1522
児童発達支援事業	3942	4984	5981	6756	7653	8849	10183
居宅訪問型児童発達支援事業	・	・	・	50	117	172	228
放課後等デイサービス事業	6971	9385	11301	12734	13980	15519	17372
保育所等訪問支援事業	714	858	969	1149	1335	1582	1930
障害児相談支援事業	5128	5755	6134	6582	7254	7772	8130

注：都道府県・指定都市・中核市が把握する事業所について、活動中の事業所を集計している。
　　複数の事業を行う事業所は、それぞれの事業に計上している。
　　障害者支援施設の昼間実施サービス（生活介護、自立訓練、就労移行支援及び就労継続支援）を除く。

出典：厚生労働省　令和3年度社会福祉施設等調査

⑰令和2年障害福祉サービス等経営実態調査結果の概要

○　調査の目的
　　障害福祉サービス等施設・事業所の経営状況等を明らかにし、障害福祉サービス等報酬改定の影響把握及び次期報酬改定のための基礎資料を得る。
○　調査時期　　令和2年6月（令和元年度決算を調査）
○　調査対象等
　・調査対象　　　全ての障害福祉サービス等
　・抽出方法　　　調査対象サービスごとに、層化無作為抽出法により、4.7%～全数で抽出
　・調査客体数　　16,657施設・事業所
　・有効回答数　　9,068施設・事業所（有効回答率：54.4%）
　・調査項目　　　障害福祉サービス等の提供状況、従事者の状況、収入の状況、支出の状況　等

各障害福祉サービス等における収支差率

サービスの種類	平成29年実態調査	令和2年調査実態調査		サービスの種類	平成29年実態調査	令和2年調査実態調査	
	平成28年度決算	令和元年度決算	対28年度増減		平成28年度決算	令和元年度決算	対28年度増減
訪問系サービス				**相談系サービス**			
居宅介護	5.9%	5.3%	△0.6%	自立生活援助※		2.7%	
重度訪問介護	7.9%	5.9%	△2.0%	計画相談支援	1.0%	0.5%	△0.5%
同行援護	5.3%	5.1%	△0.2%	地域移行支援	4.2%	3.0%	△1.2%
行動援護	6.5%	4.0%	△2.5%	地域定着支援	1.7%	5.2%	3.5%
日中活動系サービス				障害児相談支援	△0.5%	1.5%	2.0%
短期入所	3.8%	4.0%	0.2%	**障害児通所・訪問サービス**			
療養介護	3.3%	1.6%	△1.7%	児童発達支援	4.8%	1.2%	△3.6%
生活介護	5.3%	8.9%	3.6%	医療型児童発達支援※	0.0%	1.3%	1.3%
施設系・居住系サービス				放課後等デイサービス	10.9%	10.7%	△0.2%
施設入所支援	4.8%	6.3%	1.5%	居宅訪問型児童発達支援※		△0.3%	
共同生活援助（介護サービス包括型）	9.2%	7.3%	△1.9%	保育所等訪問支援	0.4%	△0.5%	△0.9%
共同生活援助（日中サービス支援型）※		11.5%		**障害児入所サービス**			
共同生活援助（外部サービス利用型）	6.8%	6.3%	△0.5%	福祉型障害児入所施設	0.0%	0.2%	0.2%
訓練系・就労系サービス				医療型障害児入所施設	2.2%	1.9%	△0.3%
自立訓練（機能訓練）※	2.1%	1.3%	△0.8%	**全サービス平均（参考）**			
自立訓練（生活訓練）	9.2%	6.4%	△2.8%	全体	5.9%	5.0%	△0.9%
就労移行支援	9.5%	5.5%	△4.0%				
就労継続支援A型	14.2%	4.2%	△10.0%				
就労継続支援B型	12.8%	6.0%	△6.8%				
就労定着支援		2.9%					

収支差率＝（障害福祉サービス等の収益額－障害福祉サービス等の費用額）／障害福祉サービス等の収益額
　・障害福祉サービス等の収益額は、障害福祉サービス等事業収益、借入金利息補助金収益及び本部からの繰入の合計額
　・障害福祉サービス等の費用額は、障害福祉サービス等事業費用、借入金利息及び本部への繰入の合計額
注1：サービスの種類に「※」のあるサービスについては、集計施設・事業所数が少なく、集計結果に個々のデータが大きく影響していると考えられるため参考数値として公表している。
注2：重度障害者等包括支援については、有効回答数が極めて少ないため公表の対象外としている。

各障害福祉サービス等の収支差率及び給与費割合（過去の調査結果との比較）

サービスの種類	平成29年実態調査		令和2年経営実態調査			
	平成28年度決算		令和元年度決算			
	収支差率	収益に対する給与費の割合	収支差率	対28年度増減	収益に対する給与費の割合	対28年度増減
訪問系サービス						
居宅介護	5.9%	79.9%	5.3%	△0.6%	71.4%	△8.5%
重度訪問介護	7.9%	79.6%	5.9%	△2.0%	71.9%	△7.7%
同行援護	5.3%	81.9%	5.1%	△0.2%	75.3%	△6.6%
行動援護	6.5%	77.7%	4.0%	△2.5%	71.5%	△6.2%
日中活動系サービス						
短期入所	3.8%	64.8%	4.0%	0.2%	67.2%	2.4%
療養介護	3.3%	66.9%	1.6%	△1.7%	66.8%	△0.1%
生活介護	5.3%	61.7%	8.9%	3.6%	65.4%	3.7%
施設系・居住系サービス						
施設入所支援	4.8%	61.1%	6.3%	1.5%	61.3%	0.2%
共同生活援助（介護サービス包括型）	9.2%	58.6%	7.3%	△1.9%	60.4%	1.8%
共同生活援助（日中サービス支援型）※			11.5%		62.6%	
共同生活援助（外部サービス利用型）	6.8%	56.0%	6.3%	△0.5%	52.2%	△3.8%
訓練系・就労系サービス						
自立訓練（機能訓練）※	2.1%	73.2%	1.3%	△0.8%	61.0%	△12.2%
自立訓練（生活訓練）	9.2%	63.0%	6.4%	△2.8%	65.0%	2.0%
就労移行支援	9.5%	62.4%	5.5%	△4.0%	65.4%	3.0%
就労継続支援A型	14.2%	58.9%	4.2%	△10.0%	65.0%	6.1%
就労継続支援B型	12.8%	58.8%	6.0%	△6.8%	61.0%	2.2%
就労定着支援			2.9%		70.3%	
相談系サービス						
自立生活援助※			2.7%		78.0%	
計画相談支援	1.0%	82.5%	0.5%	△0.5%	79.5%	△3.0%
地域移行支援	4.2%	73.3%	3.0%	△1.2%	75.5%	2.2%
地域定着支援	1.7%	76.7%	5.2%	3.5%	79.1%	2.4%
障害児相談支援	△0.5%	82.9%	1.5%	2.0%	78.3%	△4.6%
障害児通所・訪問サービス						
児童発達支援	4.8%	73.3%	1.2%	△3.6%	73.3%	0.0%
医療型児童発達支援※	0.0%	76.5%	1.3%	1.3%	69.2%	△7.3%
放課後等デイサービス	10.9%	62.0%	10.7%	△0.2%	63.6%	1.6%
居宅訪問型児童発達支援※			△0.3%		68.6%	
保育所等訪問支援	0.4%	83.3%	△0.5%	△0.9%	77.1%	△6.2%
障害児入所サービス						
福祉型障害児入所施設	0.0%	70.7%	0.2%	0.2%	64.6%	△6.1%
医療型障害児入所施設	2.2%	71.6%	1.9%	△0.3%	65.7%	△5.9%
全サービス平均（参考）						
全体	5.9%	64.4%	5.0%	△0.9%	65.1%	0.7%

注1：サービス名に「※」のあるサービスについては、集計施設・事業所数が少なく、集計結果に個々のデータが大きく影響していると考えられるため参考数値として公表している。

注2：重度障害者等包括支援については、有効回答数が極めて少ないため公表の対象外としている。

注3：端数処理の関係で、増減の計算結果が僅かに一致しない場合がある。

有効回答数及び有効回答率の状況

サービスの種類	令和2年実態調査			平成29年実態調査			（参考）令和元年概況調査		
	調査客体数(A)	有効回答数(B)	有効回答率(B)／(A)	調査客体数(A)	有効回答数(B)	有効回答率(B)／(A)	調査客体数(A)	有効回答数(B)	有効回答率(B)／(A)
居宅介護	917	411	44.8%	1,124	404	35.9%	750	294	39.2%
重度訪問介護	1,030	421	40.9%	1,117	338	30.3%	730	194	26.6%
同行援護	1,014	463	45.7%	1,121	446	39.8%	720	224	31.1%
行動援護	885	437	49.4%	1,008	418	41.5%	510	177	34.7%
療養介護	222	145	65.3%	233	152	65.2%	251	182	72.5%
生活介護	617	418	67.7%	587	401	68.3%	490	285	58.2%
短期入所	588	349	59.4%	1,090	665	61.0%	470	280	59.6%
施設入所支援	478	385	80.5%	1,067	787	73.8%	450	352	78.2%
自立訓練（機能訓練）※	164	88	53.7%	134	87	64.9%	132	74	56.1%
自立訓練（生活訓練）	594	336	56.6%	588	339	57.7%	480	216	45.0%
就労移行支援	845	470	55.6%	633	374	59.1%	580	217	37.4%
就労継続支援A型	851	463	54.4%	812	440	54.2%	580	228	39.3%
就労継続支援B型	672	453	67.4%	579	378	65.3%	500	259	51.8%
就労定着支援	884	539	61.0%	-	-	-	270	84	31.1%
自立生活援助※	106	55	51.9%	-	-	-	110	28	25.5%
共同生活援助（介護サービス包括型）	549	337	61.4%	643	391	60.8%	480	293	61.0%
共同生活援助（日中サービス支援型）※	65	35	53.8%	-	-	-	34	20	58.8%
共同生活援助（外部サービス利用型）	527	304	57.7%	738	434	58.8%	500	255	51.0%
計画相談支援	804	464	57.7%	1,099	559	50.9%	610	268	43.9%
地域相談支援（地域移行支援）	474	192	40.5%	494	264	53.4%	296	94	31.8%
地域相談支援（地域定着支援）	536	229	42.7%	552	275	49.8%	494	151	30.6%
障害児相談支援	779	448	57.5%	1,049	492	46.9%	590	242	41.0%
児童発達支援	719	362	50.3%	926	450	48.6%	600	290	48.3%
医療型児童発達支援※	95	56	58.9%	97	34	35.1%	96	54	56.3%
放課後等デイサービス	1,036	504	48.6%	831	383	46.1%	620	192	31.0%
居宅訪問型児童発達支援※	38	17	44.7%	-	-	-	52	10	19.2%
保育所等訪問支援	801	412	51.4%	553	249	45.0%	574	210	36.6%
福祉型障害児入所施設	185	140	75.7%	186	127	68.3%	181	124	68.5%
医療型障害児入所施設	182	135	74.2%	178	106	59.6%	176	107	60.8%
全体	16,657	9,068	54.4%	17,439	8,993	51.6%	12,326	5,404	43.8%

注1：サービス名に「※」のあるサービスについては、集計施設・事業所数が少なく、集計結果に個々のデータが大きく影響していると考えられるため参考数値として公表している。

注2：重度障害者等包括支援については、有効回答数が極めて少ないため公表の対象外としている。

注3：調査客体数は、調査対象数から休止・廃止等により回答できない施設・事業所を除いた数である。

出典：厚生労働省資料

⑱障害者虐待対応状況調査

1. 養護者による障害者虐待

・令和2年度の養護者による障害者虐待の相談・通報件数は6,556件であり、令和元年度から増加（5,758件→6,556件）。
・令和2年度の虐待判断件数は1,768件であり、令和元年度から増加（1,655件→1,768件）。
・令和2年度の被虐待者数は1,775人。

| 養護者 | 平成 | | | | | | | 令和 | |
	24年度	25年度	26年度	27年度	28年度	29年度	30年度	元年度	2年度
相談・通報件数（件）	3,260	4,635	4,458	4,450	4,606	4,649	5,331	5,758	6,556
虐待判断件数（件）	1,311	1,764	1,666	1,593	1,538	1,557	1,612	1,655	1,768
被虐待者数（人）	1,329	1,811	1,695	1,615	1,554	1,570	1,626	1,664	1,775

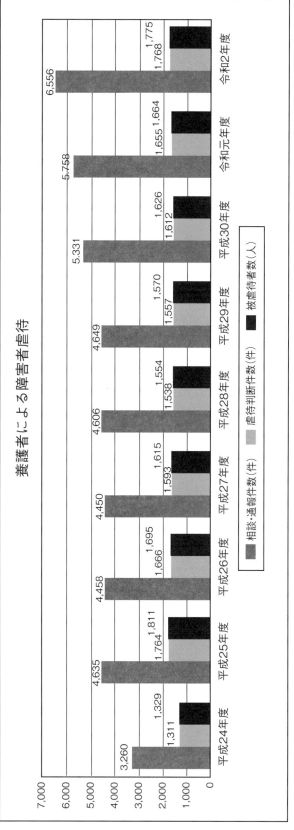

養護者による障害者虐待

■ 相談・通報件数（件）　■ 虐待判断件数（件）　■ 被虐待者数（人）

＊ 平成24年度は下半期のみのデータ

121

2. 障害者福祉施設従事者等による障害者虐待

- 令和2年度の障害者福祉施設従事者等職員による障害者虐待の相談・通報件数は2,865件であり、令和元年度から増加（2,761件→2,865件）。
- 令和2年度の虐待判断件数は632件であり、令和元年度から増加（547件→632件）。
- 令和2年度の被虐待者数は890人。

障害者福祉施設従事者	平成							令和	
	24年度	25年度	26年度	27年度	28年度	29年度	30年度	元年度	2年度
相談・通報件数（件）	939	1,860	1,746	2,160	2,115	2,374	2,605	2,761	2,865
虐待判断件数（件）	80	263	311	339	401	464	592	547	632
被虐待者数（人）	176	455	525	569	672	666	777	734	890

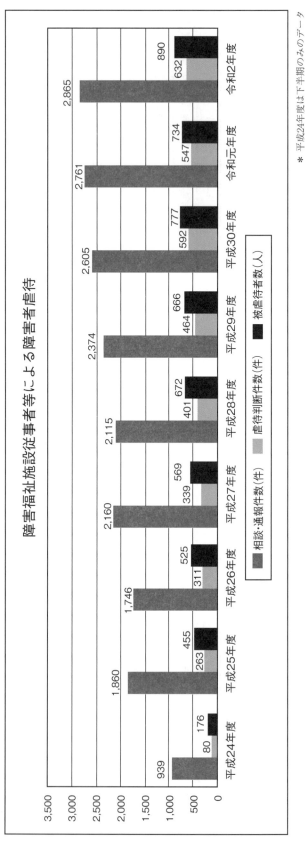

障害福祉施設従事者等による障害者虐待

凡例：相談・通報件数（件）／虐待判断件数（件）／被虐待者数（人）

＊ 平成24年度は下半期のみのデータ

出典：厚生労働省資料

⑲令和3年度児童相談所での児童虐待相談対応件数とその推移

1. 令和3年度の児童相談所での児童虐待相談対応件数

令和3年度中に、全国225か所の児童相談所が児童虐待相談として対応した件数は207,660件で、過去最多。

※ 対前年度比＋1.3％（2,616件の増加）（令和2年度：対前年度比＋5.8％（11,264件の増加））

※ 相談対応件数とは、令和3年度中に児童相談所が相談を受け、援助方針会議の結果により指導や措置等を行った件数。

2. 児童虐待相談対応件数の推移

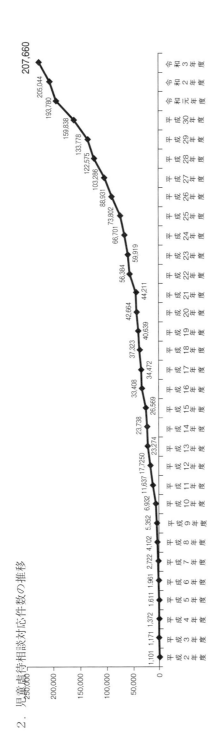

年度	平成22年度	平成23年度	平成24年度	平成25年度	平成26年度	平成27年度	平成28年度	平成29年度	平成30年度	令和元年度	令和2年度	令和3年度
件数	注56,384	59,919	66,701	73,802	88,931	103,286	122,575	133,778	159,838	193,780	205,044	207,660
対前年度比	―	―	＋11.3％	＋10.6％	＋20.5％	＋16.1％	＋18.7％	＋9.1％	＋19.5％	＋21.2％	＋5.8％	＋1.3％

(注) 平成22年度の件数は、東日本大震災の影響により、福島県を除いて集計した数値。

3. 主な増加要因

○ 心理的虐待に係る相談対応件数の増加（令和2年度：121,334件→令和3年度：124,724件（＋3,390件））

○ 家族親戚、近隣知人、児童本人等からの通告の増加（令和2年度：46,521件→令和3年度：47,949件（＋1,428件））

（令和2年度と比して児童虐待相談対応件数が増加した自治体からの聞き取り）

○ 虐待相談窓口の普及などにより、家族親戚、近隣知人、児童本人等からの通告が増加。

出典：厚生労働省資料

⑳児童福祉施設の施設数、定員、入所人員、退所人員及び年度末在籍人員、施設の種類、公立－私立別

令和3年度（2021年度）
（単位：施設、人、世帯）

施設の種類	施設数（年度末現在）（施設）	定員（年度末現在）（人・世帯）	入所人員（年度中）			退所人員（年度中）			在籍人員（年度末現在）		
			総数（人・世帯）	措置（人・世帯）	私的契約（人・世帯）	総数（人・世帯）	措置（人・世帯）	私的契約（人・世帯）	総数（人・世帯）	措置（人・世帯）	私的契約（人・世帯）
総数	7 873	42 669	36 354	13 860	22 494	36 933	14 529	22 404	37 813	36 472	1 341
公立	6 574	7 066	9 787	3 266	6 521	9 820	3 337	6 483	5 375	4 764	611
私立	1 299	35 603	26 567	10 594	15 973	27 113	11 192	15 921	32 438	31 708	730
助産施設	412	3 327	25 730	3 363	22 367	25 656	3 378	22 278	1 719	418	1 301
公立	187	1 440	7 867	1 357	6 510	7 828	1 354	6 474	851	247	604
私立	225	1 887	17 863	2 006	15 857	17 828	2 024	15 804	868	171	697
乳児院	145	3 827	1 549	1 461	88	1 667	1 581	86	2 367	2 351	16
公立	7	144	37	37	-	37	37	-	47	47	-
私立	138	3 683	1 512	1 424	88	1 630	1 544	86	2 320	2 304	16
母子生活支援施設（施設数・世帯数）	215	4 441	1 285	1 271	14	1 323	1 309	14	3 142	3 135	7
人員	·	·	3 496	3 469	27	3 530	3 500	30	8 442	8 428	14
公立（施設数・世帯数）	77	1 411	308	302	6	334	330	4	733	731	2
人員	·	·	790	779	11	859	850	9	1 970	1 968	2
私立（施設数・世帯数）	138	3 030	977	969	8	989	979	10	2 409	2 404	5
人員	·	·	2 706	2 690	16	2 671	2 650	21	6 472	6 460	12
児童養護施設	610	30 140	4 349	4 337	12	4 919	4 909	10	23 013	23 008	5
公立	30	1 730	256	256	-	296	296	-	1 316	1 316	-
私立	580	28 410	4 093	4 081	12	4 623	4 613	10	21 697	21 692	5
児童心理治療施設	53	2 016	486	486	-	456	456	-	1 343	1 343	-
公立	14	528	117	117	-	128	128	-	294	294	-
私立	39	1 488	369	369	-	328	328	-	1 049	1 049	-
児童自立支援施設（入所）	56	3 359	744	744	-	705	705	-	929	924	5
公立	54	3 224	720	720	-	672	672	-	897	892	5
私立	2	135	24	24	-	33	33	-	32	32	-
児童館	4 261	·	·	·	·	·	·	·	·	·	·
公立	4 094	·	·	·	·	·	·	·	·	·	·
私立	167	·	·	·	·	·	·	·	·	·	·
児童遊園	2 121	·	·	·	·	·	·	·	·	·	·
公立	2 111	·	·	·	·	·	·	·	·	·	·
私立	10	·	·	·	·	·	·	·	·	·	·

注：1）本表は年度分報告である。
　　2）「母子生活支援施設」の施設数・世帯数の施設数（年度末現在）以外の数は世帯数である。
　　3）「乳児院」の人員には、短期入所措置分を含む。

出典：厚生労働省　令和3年度福祉行政報告例

㉑里親及び小規模住居型児童養育事業（ファミリーホーム）に委託されている児童数、里親の種類、年齢階級別

令和3年度（2021年度）末現在
（単位：人）

里 親 の 種 類	総 数	3歳未満	3〜6歳	7歳以上
里親に委託されている児童	6 080	674	1 399	4 007
養育里親に委託されている児童	4 709	438	1 212	3 059
専門里親に委託されている児童	204	2	16	186
親族里親に委託されている児童	819	11	67	741
養子縁組里親に委託されている児童	348	223	104	21
小規模住居型児童養育事業（ファミリーホーム）に委託されている児童	1 718	55	251	1 412

出典：厚生労働省　令和3年度福祉行政報告書

㉒都道府県・指定都市・中核市別　保育所等待機児童数　集約表

(令和4年4月1日現在)

#	都道府県	保育所等数 か所	利用定員数 人	利用児童数 人	待機児童数 人	#	指定都市 中核市	保育所等数 か所	利用定員数 人	利用児童数 人	待機児童数 人
1	北海道	752	46,977	41,620	22	48	札幌市	554	35,610	33,043	0
2	青森県	319	21,272	18,459	0	49	仙台市	421	22,494	21,792	0
3	岩手県	398	25,098	21,476	35	50	さいたま市	494	29,966	27,498	0
4	宮城県	407	24,584	22,044	75	51	千葉市	344	19,269	17,613	0
5	秋田県	213	17,287	14,171	7	52	横浜市	1,176	72,966	70,601	11
6	山形県	298	22,634	19,827	0	53	川崎市	546	35,301	34,555	0
7	福島県	265	19,860	17,026	22	54	相模原市	206	14,897	13,510	3
8	茨城県	730	60,120	53,411	5	55	新潟市	286	24,808	21,874	0
9	栃木県	417	34,383	29,333	14	56	静岡市	210	15,605	13,503	0
10	群馬県	334	31,418	28,467	1	57	浜松市	201	17,461	14,497	0
11	埼玉県	1,350	89,605	82,343	268	58	名古屋市	752	54,554	49,174	0
12	千葉県	1,295	91,348	79,415	222	59	京都市	422	31,870	29,949	0
13	東京都	4,513	327,585	295,804	288	60	大阪市	800	60,900	55,189	4
14	神奈川県	694	49,348	47,058	197	61	堺市	225	20,461	18,823	0
15	新潟県	516	44,244	36,041	0	62	神戸市	488	30,043	29,324	0
16	富山県	203	20,300	16,612	0	63	岡山市	196	18,870	18,276	8
17	石川県	240	25,142	20,532	0	64	広島市	305	30,118	27,323	5
18	福井県	179	18,607	15,778	0	65	北九州市	255	18,784	17,049	0
19	山梨県	229	19,195	15,082	0	66	福岡市	461	42,309	38,986	1
20	長野県	482	45,428	35,002	0	67	熊本市	267	21,460	21,128	0
21	岐阜県	417	38,897	30,611	0		指定都市計	8,609	617,746	573,707	32
22	静岡県	611	43,919	39,203	23	68	函館市	59	3,688	3,109	0
23	愛知県	911	99,483	77,927	10	69	旭川市	96	6,456	6,247	0
24	三重県	476	45,566	38,867	64	70	青森市	108	7,081	6,384	0
25	滋賀県	360	29,809	27,306	114	71	八戸市	86	6,099	5,424	0
26	京都府	285	29,353	26,501	17	72	盛岡市	108	7,599	6,883	0
27	大阪府	641	58,661	57,404	121	73	秋田市	102	7,822	6,940	0
28	兵庫県	563	47,066	45,167	40	74	山形市	96	6,643	5,772	0
29	奈良県	206	21,338	19,129	73	75	福島市	82	5,436	5,550	0
30	和歌山県	146	14,360	12,515	1	76	郡山市	86	5,765	5,475	0
31	鳥取県	159	13,193	10,869	0	77	いわき市	90	6,830	6,525	1
32	島根県	236	16,002	14,575	0	78	水戸市	105	6,710	6,133	3
33	岡山県	220	19,204	16,965	43	79	宇都宮市	154	11,117	10,989	0
34	広島県	316	25,309	20,437	0	80	前橋市	86	9,061	8,014	0
35	山口県	314	23,390	21,034	14	81	高崎市	105	9,549	8,807	0
36	徳島県	228	18,546	15,939	0	82	川越市	96	5,891	5,428	8
37	香川県	160	15,007	12,588	0	83	川口市	196	11,960	10,829	19
38	愛媛県	277	20,371	17,289	25	84	越谷市	113	6,097	5,908	1
39	高知県	170	12,753	9,876	1	85	船橋市	168	14,496	13,090	28
40	福岡県	644	60,129	56,464	92	86	柏市	102	8,889	9,275	0
41	佐賀県	341	26,391	23,858	8	87	八王子市	133	11,124	10,758	12
42	長崎県	335	20,917	19,894	0	88	横須賀市	77	4,763	4,516	9
43	熊本県	503	35,594	32,346	9	89	富山市	118	13,086	10,981	0
44	大分県	249	17,226	14,946	0	90	金沢市	136	13,664	12,350	0
45	宮崎県	326	21,727	19,782	0	91	福井市	93	9,820	8,198	0
46	鹿児島県	480	28,245	26,490	12	92	甲府市	59	5,468	4,270	0
47	沖縄県	713	51,755	48,443	416	93	長野市	91	9,260	7,736	5
	都道府県計	24,121	1,888,646	1,665,926	2,239	94	松本市	66	7,358	5,471	4
						95	岐阜市	81	6,392	5,911	0
						96	豊橋市	64	9,845	8,183	0
						97	岡崎市	57	8,499	7,149	43
						98	豊田市	80	10,519	7,286	0
						99	一宮市	93	9,950	8,383	0
						100	大津市	127	9,069	8,491	4
						101	豊中市	118	8,552	8,593	0
						102	吹田市	116	7,892	7,718	0
						103	高槻市	108	6,676	6,860	0
						104	枚方市	78	7,582	7,908	9
						105	八尾市	53	6,311	6,139	0
						106	寝屋川市	47	4,518	4,401	0
						107	東大阪市	110	8,812	8,844	0
						108	姫路市	113	12,926	11,716	43
						109	尼崎市	147	8,783	8,716	76
						110	明石市	125	8,529	8,381	100
						111	西宮市	145	8,660	8,586	52
						112	奈良市	70	7,391	6,170	8
						113	和歌山市	61	7,620	6,841	29
						114	鳥取市	68	6,351	5,458	0
						115	松江市	86	6,914	6,359	0
						116	倉敷市	141	12,429	11,405	28
						117	呉市	67	4,212	3,693	0
						118	福山市	157	14,009	11,842	3
						119	下関市	59	5,532	5,023	0
						120	高松市	117	11,438	10,093	19
						121	松山市	122	8,366	7,813	0
						122	高知市	124	11,213	9,871	3
						123	久留米市	92	9,297	8,439	7
						124	長崎市	127	10,593	9,546	0
						125	佐世保市	99	7,390	6,348	0
						126	大分市	153	11,977	11,417	0
						127	宮崎市	160	12,411	11,930	0
						128	鹿児島市	181	13,405	12,822	136
						129	那覇市	157	12,212	10,869	23
							中核市計	6,514	538,007	490,266	673
							合計	39,244	3,044,399	2,729,899	2,944

注1：都道府県の数値には指定都市・中核市は含まず。
注2：保育所等数：保育所、幼保連携型認定こども園、幼稚園型認定こども園、地方裁量型認定こども園、小規模保育事業、家庭的保育事業、事業所内保育事業、居宅訪問型保育事業

出典：厚生労働省資料

㉓保育所等関連状況取りまとめ（令和4年4月1日）

○保育所等利用定員*²は304万人（前年比2.7万人の増加）

○保育所等を利用する児童の数は273万人（前年比1.2万人の増加）

○待機児童数は2,944人で前年比2,690人の減少
・待機児童のいる市区町村は、前年から60減少して252市区町村。
・待機児童が100人以上の市区町村は、前年から1減少して3市。
・待機児童が100人以上増加した自治体はなし。待機児童が100人以上減少したのは、西宮市（130人減）、筑紫野市（106人減）の2市。

＊1 特定教育・保育施設：幼保連携型認定こども園、幼稚園型認定こども園及び地方裁量型認定こども園
特定地域型保育事業：小規模保育事業、家庭的保育事業、事業所内保育事業及び居宅訪問型保育事業
＊2 保育所等利用定員：保育所、幼保連携型認定こども園、地方裁量型認定こども園、小規模保育事業、家庭的保育事業、事業所内保育事業及び居宅訪問型保育事業の利用定員

1．保育所等定員数及び利用児童数の推移

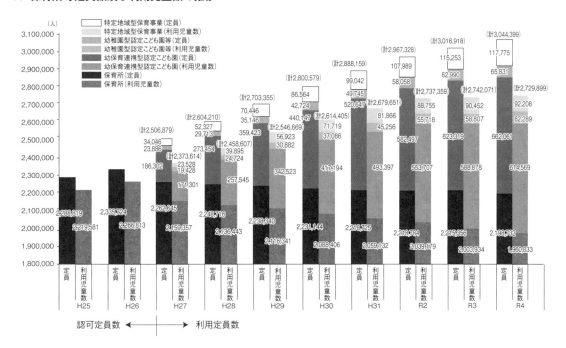

２．保育所等数の推移

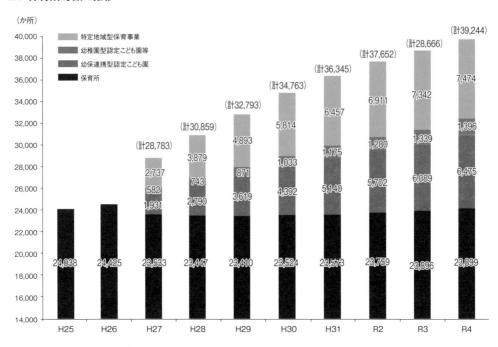

３．保育所等待機児童数及び保育所等利用率の推移

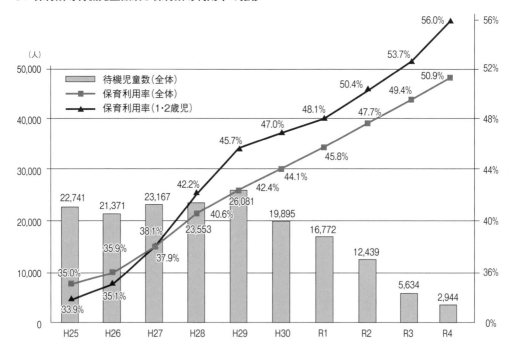

4．年齢区分別の利用児童数・待機児童数・就学前児童数

		利用児童数		待機児童数		就学前児童数	
3歳未満児（0〜2歳）		1,100,925人	（40.3%）	2,576人	（87.5%）	2,537,000人	（47.3%）
	うち0歳児	144,835人	（5.3%）	304人	（10.3%）	830,000人	（15.5%）
	うち1・2歳児	956,090人	（35.0%）	2,272人	（77.2%）	1,707,000人	（32.0%）
3歳以上児		1,628,974人	（59.7%）	368人	（12.5%）	2,831,000人	（52.7%）
全年齢児計		2,729,899人	（100.0%）	2,944人	（100.0%）	5,368,000人	（100.0%）

※利用児童数は、全体（幼稚園型認定こども園等、地域型保育事業等を含む）。
※就学前児童数は、人口推計年報（令和3年10月1日）より

○年齢区分別待機児童数

　　3歳未満児が全体の87.5%を占める。そのうち、特に1・2歳児（2,272人（77.2%））が多い。

5．待機児童のいる市区町村数

待機児童数	市区町村
100人以上	3　（4）
50人以上100人未満	7　（16）
1人以上50人未満	242（292）
計	252（312）

（）は令和3年4月1日の数値

○待機児童のいる市区町村数

　　待機児童がいる市区町村数は252（全市区町村の14.5%）で、前年から60の減。

　　待機児童が50人以上の市区町村数は7で、前年から9の減。

　　待機児童が100人以上の市区町村数は3で、前年から1の減。

6．都市部とそれ以外の地域の待機児童数

	利用児童数（%）	待機児童数（%）
7都府県・指定都市・中核市	1,697,665人（62.2%）	1,858人（63.1%）
その他の道県	1,032,234人（37.8%）	1,086人（36.9%）
全国計	2,729,899人（100.0%）	2,944人（100.0%）

7．都市部とそれ以外の地域の待機児童率

	申込者数（%）	待機児童率
7都府県・指定都市・中核市	1,757,300人（62.5%）	0.10%
その他の道県	1,055,357人（37.5%）	0.10%
全国計	2,812,657人（100.0%）	0.10%

（待機児童率：待機児童数÷申込者数）

○都市部の待機児童の状況

　　都市部の待機児童として、首都圏（埼玉県・千葉・東京・神奈川）、近畿圏（京都・大阪・兵庫）の7都府県（指定都市・中核市含む）とその他の指定都市・中核市の合計は1,858人（前年より1,658人減）で、全待機児童の63.1%（前年から0.7ポイント増）を占める。

　　また、待機児童率は都市部、その他の道県ともに0.1%となっている。

（データ出典）
保育所等施設数、保育所等利用定員及び保育所等利用児童数等
　　　　・・・平成26年─福祉行政報告例（厚生労働省大臣官房統計情報部）
　　　　・・・平成24年、25年、27年、28年─厚生労働省雇用均等・児童家庭局保育課調べ
　　　　・・・平成29年〜令和4年─厚生労働省子ども家庭局保育課調べ
幼稚園型認定こども園等及び地域型保育事業の施設数、利用定員及び利用児童数
　　　　・・・保育所等利用待機児童数調査（厚生労働省子ども家庭局保育課調べ）
待 機 児 童 数・・・保育所等利用待機児童数調査（厚生労働省子ども家庭局保育課調べ）

出典：厚生労働省子ども家庭局保育課資料を一部改変

㉔被保護実人員・保護の種類別扶助人員及び保護率の年次推移（1か月平均）

	28年度	割合(%)	29年度	割合(%)	30年度	割合(%)	令和元年度	割合(%)	2年度	割合(%)	対前年度 増減(△)数	増減率(△)(%)
被保護実人員	2,145,438	100.0	2,124,631	100.0	2,096,838	100.0	2,073,117	100.0	2,052,114	100.0	△ 21,003	△ 1.0
保護率（人口百人当%）(注1)	1.69%		1.68%		1.66%		1.64%		1.63%			
生活扶助	1,907,334	88.9	1,885,587	88.7	1,851,939	88.3	1,820,440	87.8	1,795,583	87.5	△ 24,857	△ 1.4
住宅扶助	1,830,131	85.3	1,815,615	85.5	1,792,265	85.5	1,769,819	85.4	1,755,410	85.5	△ 14,409	△ 0.8
医療扶助	1,769,543	82.5	1,765,043	83.1	1,751,443	83.5	1,742,838	84.1	1,709,601	83.3	△ 33,237	△ 1.9
介護扶助	348,064	16.2	366,287	17.2	381,383	18.2	394,154	19.0	405,137	19.7	10,983	2.8
教育扶助	134,135	6.3	125,246	5.9	116,731	5.6	108,128	5.2	100,573	4.9	△ 7,555	△ 7.0
その他の扶助(注2)	53,959	2.5	51,520	2.4	49,273	2.3	46,025	2.2	43,158	2.1	△ 2,867	△ 6.2

注1）保護率は、各年度について1か月平均の被保護実人員を総務省統計局発表の人口推計「各年10月1日現在推計人口（総人口）」で除して算出した。ただし、令和2年度は「令和2年国勢調査人口等基本集計」の総人口で除した。
注2）「その他の扶助」は、「出産扶助」「生業扶助」「葬祭扶助」の合計である。

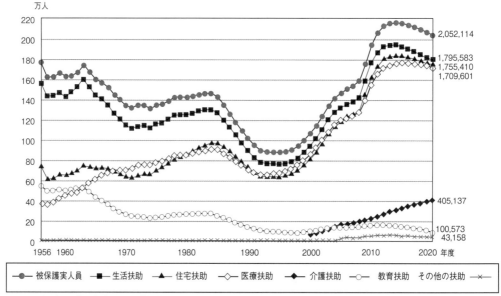

注1）平成23年度までは「福祉行政報告例」
注2）「その他の扶助」は、「出産扶助」「生業扶助」「葬祭扶助」の合計である。

出典：厚生労働省　令和2年度被保護者調査

㉕世帯類型別被保護世帯数の年次推移（1か月平均）

	28 年度		29 年度		30 年度		令和元年度		2 年度		対前年度	
		構成割合(%)		構成割合(%)		構成割合(%)		構成割合(%)		構成割合(%)	増減(△)数	増減(△)率(%)
総　数 （保護停止中を含む。）	1,637,045	-	1,640,854	-	1,637,422	-	1,635,724	-	1,636,959	-	1,235	0.1
総　数 （保護停止中を含まない。）	1,628,465	100.0	1,632,548	100.0	1,629,148	100.0	1,627,724	100.0	1,629,524	100.0	1,800	0.1
高齢者世帯	837,029	51.4	864,714	53.0	882,022	54.1	896,945	55.1	903,991	55.5	7,046	0.8
うち単身世帯	758,787	46.6	786,299	48.2	804,868	49.4	820,903	50.4	830,269	51.0	9,366	1.1
うち２人以上の世帯	78,242	4.8	78,415	4.8	77,154	4.7	76,042	4.7	73,722	4.5	△ 2,320	△ 3.1
母子世帯	98,884	6.1	92,472	5.7	86,579	5.3	81,015	5.0	75,646	4.6	△ 5,369	△ 6.6
障害者・傷病者世帯計	429,577	26.4	419,518	25.7	412,282	25.3	406,932	25.0	404,766	24.8	△ 2,166	△ 0.5
その他の世帯	262,975	16.1	255,845	15.7	248,265	15.2	242,832	14.9	245,120	15.0	2,288	0.9
（参考）												
高齢者世帯を除く世帯	791,436	48.6	767,835	47.0	747,126	45.9	730,779	44.9	725,533	44.5	△ 5,246	△ 0.7

注）端数処理の関係上、内訳の合計が総数等に合わない場合がある。

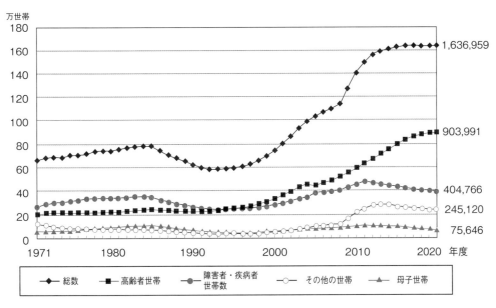

注１）平成23年度までは「福祉行政報告例」
注２）総数には保護停止中の世帯も含む（各世帯類型別の世帯数には保護停止中は含まれていない）。

出典：厚生労働省　令和2年度被保護者調査

㉖保護施設数、定員及び年度末現在員数、施設の種類、公立－私立別

	施設数	定員	現在員数				
			総数	被保護者			その他
				総数	管内分	管外委託分	
総　　数	274	22176	18874	18471	13281	5190	403
公　立	57	4078	2800	2733	2307	426	67
私　立	217	18098	16074	15738	10974	4764	336
救護施設	217	18972	16932	16692	11639	5053	240
公　立	26	2012	1797	1786	1401	385	11
私　立	191	16960	15135	14906	10238	4668	229
更生施設	20	1408	1023	1021	955	66	2
公　立	14	970	657	657	630	27	-
私　立	6	438	366	364	325	39	2
授産施設	23	780	583	429	362	67	154
公　立	6	220	123	73	59	14	50
私　立	17	560	460	356	303	53	104
（再掲）家庭授産	-	-	-	-	-	-	-
公　立	-	-	-	-	-	-	-
私　立	-	-	-	-	-	-	-
宿所提供施設	14	1016	336	329	325	4	7
公　立	11	876	223	217	217	-	6
私　立	3	140	113	112	108	4	1

出典：厚生労働省　令和2年度被保護者調査

㉗生活困窮者自立支援制度における支援状況調査　集計結果（令和3年度）

（件数、人）

	新規相談受付件数（①）		プラン作成件数（②）		就労支援対象者数（③）		就労者数	（就労支援対象プラン作成者分（⑤））	増収者数	（就労支援対象プラン作成者分（⑥））	就労・増収率（④） (⑤＋⑥)/③
		人口10万人あたり		人口10万人あたり		人口10万人あたり					
都道府県（管内市区町村含む）	300,310	32.6	79,804	8.7	43,110	4.7	13,992	10,128	9,766	4,773	35%
指定都市	149,606	45.4	45,889	13.9	22,395	6.8	5,162	4,300	5,732	3,312	34%
中核市	105,863	39.6	21,026	7.9	13,860	5.2	3,946	3,205	2,554	1,802	36%
合計	555,779	36.6	146,719	9.7	79,365	5.2	23,100	17,633	18,052	9,887	35%

各月における支援状況

（件数、人）

	新規相談受付件数（①）		プラン作成件数（②）		就労支援対象者数（③）		就労者数	（就労支援対象プラン作成者分（⑤））	増収者数	（就労支援対象プラン作成者分（⑥））	就労・増収率（④） (⑤＋⑥)/③
		人口10万人あたり		人口10万人あたり		人口10万人あたり					
4月分	56,742	44.8	17,008	13.4	9,752	7.7	1,926	1,397	1,236	739	22%
5月分	58,287	46.0	14,685	11.6	7,842	6.2	1,795	1,344	1,359	852	28%
6月分	67,182	53.0	15,671	12.4	8,127	6.4	1,902	1,437	1,944	1,361	34%
7月分	50,512	39.9	13,075	10.3	7,103	5.6	1,820	1,416	1,178	654	29%
8月分	56,081	44.3	13,133	10.4	6,898	5.4	1,910	1,458	1,170	675	31%
9月分	49,691	39.2	12,619	10.0	6,656	5.3	1,890	1,447	1,176	622	31%
10月分	44,302	35.0	12,440	9.8	6,274	5.0	1,931	1,425	1,381	815	36%
11月分	44,758	35.3	11,461	9.0	5,924	4.7	1,850	1,412	1,409	766	37%
12月分	34,295	27.1	10,385	8.2	5,543	4.4	2,090	1,635	1,642	854	45%
1月分	30,285	23.9	8,777	6.9	5,008	4.0	1,824	1,428	1,458	829	45%
2月分	29,268	23.1	8,106	6.4	4,907	3.9	1,776	1,362	1,683	751	43%
3月分	34,376	27.1	9,359	7.4	5,331	4.2	2,386	1,872	2,416	969	53%
合計	555,779	36.6	146,719	9.7	79,365	5.2	23,100	17,633	18,052	9,887	35%

出典：厚生労働省資料

㉘貧困率－中央値－貧困線、年次・全世帯－子ども－子どもがいる現役世帯別

	昭和60年 (1985)	昭和63年 (1988)	平成3年 (1991)	平成6年 (1994)	平成9年 (1997)	平成12年 (2000)	平成15年 (2003)	平成18年 (2006)	平成21年 (2009)	平成24年 (2012)	平成27年 (2015)	平成30年 (2018)	(新基準)
相対的貧困率（単位：%）	12	13.2	13.5	13.8	14.6	15.3	14.9	15.7	16	16.1	15.7	15.4	15.7
子ども	10.9	12.9	12.8	12.2	13.4	14.4	13.7	14.2	15.7	16.3	13.9	13.5	14
子どもがいる現役世帯	10.3	11.9	11.6	11.3	12.2	13	12.5	12.2	14.6	15.1	12.9	12.6	13.1
大人が一人	54.5	51.4	50.1	53.5	63.1	58.2	58.7	54.3	50.8	54.6	50.8	48.1	48.3
大人が二人以上	9.6	11.1	10.7	10.2	10.8	11.5	10.5	10.2	12.7	12.4	10.7	10.7	11.2
名目値（単位：万円）													
中央値	216	227	270	289	297	274	260	254	250	244	244	253	248
貧困線	108	114	135	144	149	137	130	127	125	122	122	127	124
実質値（昭和60年基準）（単位：万円）													
中央値	216	226	246	255	259	240	233	228	224	221	211	215	210
貧困線	108	113	123	127	130	120	116	114	112	111	106	108	105

注： 1) 平成6年の数値は、兵庫県を除いたものである。
2) 平成27年の数値は、熊本県を除いたものである。
3) 平成30年の「新基準」は、平成27年に改定されたOECDの所得定義の新たな基準で、従来の可処分所得から更に「自動車税・軽自動車税・自動車重量税」、「企業年金の掛金」及び「仕送り額」を差し引いたものである。
4) 貧困率は、OECDの作成基準に基づいて算出している。
5) 等価可処分所得金額不詳は含まない。

出典：令和元年国民生活基礎調査

134

㉙医療・介護の患者数・利用者数および就業者数シミュレーション結果

（1）生産性向上の売位の就業者数

		2018年度	2040年度
就業者数 （万人）	医療福祉分野における 就業者数	826 [12.4%]	1,016 [16.9%]
	医療	309	312
	介護	334	479

（2）需要低下の場合の患者数および利用者数

				2018年度	2040年度
患者数・ 利用者数等 （万人）	医療		入院	132	131
			外来	783	731
	介護	1歳分程度認 定率後ろ倒し	施設	104	148
			居住系	46	70
			在宅	353	464
		1.5歳分程度認 定率後ろ倒し	施設	104	144
			居住系	46	68
			在宅	353	454

※　患者数はある日に医療機関に入院中又は外来受診した患者数。利用者数は、ある月における介護サービスの利用者数であり、総合
事業等における利用者数を含まない。
※　就業者数欄の「医療福祉分野における就業者数」は、医療・介護分に、その他の福祉分野の就業者数等を合わせた推計値。医療分、
介護分ともに、直接に医療に従事する者や介護に従事する者以外に、間接業務に従事する者も含めた数値である。[　]内は、就業
者数全体に対する割合。

（3）需要低下の場合の就業者数
①介護の認定率1歳分程度後ろ倒し

		2018年度	2040年度
就業者数 （万人）	医療福祉分野における 就業者数	826 [12.4%]	1,014 [16.8%]
	医療	309	328
	介護	334	461

②介護の認定率1.5歳分程度後ろ倒し

		2018年度	2040年度
就業者数 （万人）	医療福祉分野における 就業者数	826 [12.4%]	1,000 [16.6%]
	医療	309	328
	介護	334	450

③介護の認定率1.5歳分程度後ろ倒しに加え、医療の受療率2.5歳分程度低下

		2018年度	2040年度
就業者数 （万人）	医療福祉分野における 就業者数	826 [12.4%]	975 [16.2%]
	医療	309	309
	介護	334	450

※　就業者数欄の「医療福祉分野における就業者数」は、医療・介護分に、その他の福祉分野の就業者数等を合わせた推計値。医療分、
介護分ともに、直接に医療に従事する者や介護に従事する者以外に、間接業務に従事する者も含めた数値である。[　]内は、就業
者数全体に対する割合。

出典：厚生労働省「2040年を展望した社会保障・働き方改革本部のとりまとめ」

⑳社会福祉施設等の施設数、定員、在所者数、従事者数

	施設数	定員（人）	在所者数（人）	従事者数（人）
総　　　数	82 611	4 112 525	3 685 856	1 214 854
保護施設	288	18 887	17 813	6 203
救護施設	182	16 154	16 036	5 777
更生施設	20	1 388	1 196	307
医療保護施設　*	56	…	…	…
授産施設	15	440	299	68
宿所提供施設	15	905	282	50
老人福祉施設	5 192	157 262	142 021	39 452
養護老人ホーム	941	61 951	54 392	16 782
養護老人ホーム（一般）	889	59 197	51 884	15 714
養護老人ホーム（盲）	52	2 754	2 508	1 068
軽費老人ホーム	2 330	95 311	87 629	22 670
軽費老人ホーム　A型	189	11 164	10 271	2 530
軽費老人ホーム　B型	13	568	376	41
軽費老人ホーム（ケアハウス）	2 039	82 030	75 466	19 449
都市型軽費老人ホーム	89	1 548	1 517	650
老人福祉センター　*	1 921	・	・	…
老人福祉センター（特A型）　*	218	・	・	…
老人福祉センター（A型）　*	1 258	・	・	…
老人福祉センター（B型）　*	445	・	・	…
障害者支援施設等	5 530	187 753	151 126	108 397
障害者支援施設	2 573	138 586	149 826	97 657
地域活動支援センター	2 824	47 414	…	10 456
福祉ホーム	133	1 754	1 300	284
身体障害者社会参加支援施設　*	315	…	…	…
身体障害者福祉センター　*	153	・	・	…
身体障害者福祉センター（A型）　*	38	・	・	…
身体障害者福祉センター（B型）　*	115	・	・	…
障害者更生センター　*	4	…	…	…
補装具製作施設　*	14	・	・	…
盲導犬訓練施設　*	13	・	・	…
点字図書館　*	71	・	・	…
点字出版施設　*	10	・	・	…
聴覚障害者情報提供施設　*	50	・	・	…
婦人保護施設	47	1 245	257	400
児童福祉施設等	46 560	3 112 984	2 834 592	837 522
助産施設　*	382	…	…	…
乳児院	145	3 871	2 557	5 555
母子生活支援施設	208	4 371	7 446	2 073
保育所等	29 995	2 904 353	2 643 196	690 188
幼保連携型認定こども園	6 111	624 634	605 690	168 586
保育所型認定こども園	1 164	129 869	102 530	26 621
保育所	22 720	2 149 849	1 934 977	494 980

	施設数	定員（人）	在所者数（人）	従事者数（人）
地域型保育事業所	7 245	114 863	103 641	56 307
小規模保育事業所Ａ型	4 855	83 094	76 622	40 774
小規模保育事業所Ｂ型	778	12 557	11 314	6 447
小規模保育事業所Ｃ型	94	868	748	560
家庭的保育事業所	852	3 686	3 304	2 708
居宅訪問型保育事業所	13	27	80	206
事業所内保育事業所	653	14 630	11 573	5 612
児童養護施設	612	30 535	24 143	20 639
障害児入所施設（福祉型）	249	8 664	6 138	5 512
障害児入所施設（医療型）	222	21 296	10 489	22 226
児童発達支援センター（福祉型）	676	20 687	39 892	11 106
児童発達支援センター（医療型）	95	3 119	1 965	1 234
児童心理治療施設	51	2 129	1 447	1 522
児童自立支援施設	58	3 468	1 123	1 839
児童家庭支援センター　＊	154	・	・	…
児童館	4 347	・	・	19 321
小型児童館	2 509	・	・	9 859
児童センター	1 709	・	・	8 760
大型児童館Ａ型	15	・	・	282
大型児童館Ｂ型	3	・	・	71
大型児童館Ｃ型	－	・	・	－
その他の児童館	111	・	・	349
児童遊園　＊	2 121	・	・	…
母子・父子福祉施設	57	…	…	218
母子・父子福祉センター	55	・	・	215
母子・父子休養ホーム	2	…	…	3
その他の社会福祉施設等	24 622	634 395	540 047	222 661
授産施設　＊	61	…	…	…
無料低額宿泊所　＊	614	…	…	…
盲人ホーム　＊	18	…	…	…
隣保館　＊	1 061	・	・	…
へき地保健福祉館　＊	34	・	・	…
日常生活支援住居施設　＊	108	…	…	…
有料老人ホーム（サービス付き高齢者向け住宅以外）	16 724	634 395	540 047	222 661
有料老人ホーム（サービス付き高齢者向け住宅であるもの）　＊	6 002	…	…	…

注：1）　活動中の施設について集計している。
　　2）　定員及び在所者数は、それぞれ定員又は在所者数について、調査を実施した施設について集計している。
　　3）　従事者数は常勤換算従事者数であり、小数点以下第1位を四捨五入している。
　　4）　＊印のついた施設は、詳細票調査を実施していない。
　　5）　母子生活支援施設の定員は世帯数、在所者は世帯人員であり、総数、児童福祉施設等の定員及び在所者数には含まない。
　　6）　障害者支援施設等のうち障害者支援施設の定員は入所者分のみである。また、在所者数は入所者数と通所者数の合計であり、その内訳は、入所者数126,522人、通所者数23,304人である。
　　7）　障害者支援施設等のうち地域活動支援センターについては、在所者数を調査していない。

出典：厚生労働省　令和3年社会福祉施設等調査

③地域生活定着支援センターの支援状況（令和2年度中に支援した者）

（単位：人、かっこ内は令和元年度の実績）

1. コーディネート業務（帰住地への受入れ調整）

コーディネートを実施した者		1,486 (1,455)
【内訳】	矯正施設を退所し受入れ先に帰住した者	771 (759)
	帰住地への受入れ調整を継続中の者	595 (570)
	「福祉を受けたくない」といった理由や疾病悪化等により支援を辞退した者	120 (126)

【矯正施設を退所し受入れ先に帰住した者の福祉サービスの利用状況】

矯正施設入所前に、	介護保険または障害者自立支援の認定を受けていた者	142 (122)
	療育手帳または障害者手帳を取得していた者	382 (384)
矯正施設入所中に、	介護保険または障害者自立支援の認定手続を行った者	332 (262)
	療育手帳または障害者手帳を取得した者	151 (144)

2. フォローアップ業務

（受入れ調整後に行う受入れ先施設等への支援）

矯正施設退所後にフォローアップを実施した者		2,327 (2,324)
【内訳】	支援が終了した者（地域に定着した者）	601 (716)
	支援継続中の者	1,726 (1,608)

【フォローアップを実施した者の福祉サービスの利用状況】

フォローアップ中に、生活保護を申請した者	668 (706)
フォローアップ中に、介護保険または障害者自立支援の認定を受けた者	260 (232)
フォローアップ中に、療育手帳または障害者手帳を取得した者	99 (133)

3. 相談支援業務

（地域に在住する矯正施設退所者本人やその家族、施設等からの相談に応じる支援）

相談支援を実施した者		1,415 (1,392)
【内訳】	支援が終了した者	648 (600)
	支援継続中の者	767 (792)

【相談支援を実施した者の福祉サービスの利用状況】

相談支援中に生活保護を申請した者	131 (119)
相談支援中に介護保険または障害者自立支援の認定を受けた者	80 (78)
相談支援中に療育手帳または障害者手帳を取得した者	26 (25)

【参考1】矯正施設を退所し受入れ先に帰住した者の障害・年齢別内訳

(単位：人)

	身体障害あり	知的障害あり	精神障害あり	身体＋知的	身体＋精神	知的＋精神	身体＋知的＋精神	その他※	合計
65歳以上	27 (44)	22 (28)	56 (44)	1 (3)	8 (3)	6 (3)	1 (0)	221 (230)	342 (355)
65歳未満	21 (28)	132 (127)	188 (166)	7 (7)	13 (10)	65 (56)	1 (5)	2 (5)	429 (404)
合計	48 (72)	154 (155)	244 (210)	8 (10)	21 (13)	71 (59)	2 (5)	223 (235)	771 (759)

※「その他」には、軽度の認知症の者や、障害が疑われる者などが含まれる。※※かっこ内は令和元年度の実績である。

【参考2】矯正施設を退所し受入れ先に帰住した者の矯正施設退所時点の居住先内訳

(単位：人)

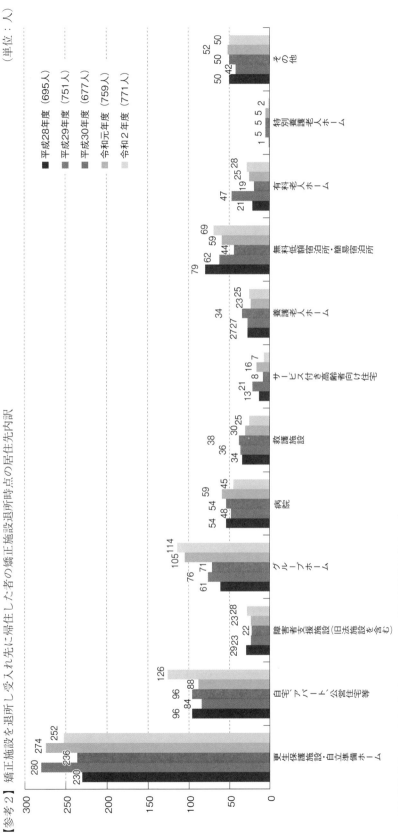

■平成28年度（695人）　平成29年度（751人）　平成30年度（677人）　令和元年度（759人）　令和2年度（771人）

※「該当施設」は、令和2年度については「生活保護施設」である。

【参考3】地域生活定着支援センターによる業務別実施件数及び支援終了件数の推移（H28.4〜R3.3）

1. 年度内支援実施件数

コーディネート業務

年度	件数
28	1,374
29	1,426
30	1,342
令和元	1,455
2	1,486

(人)

フォローアップ業務

年度	件数
28	2,037
29	2,153
30	2,246
令和元	2,324
2	2,327

(人)

相談支援業務

年度	件数
28	1,260
29	1,369
30	1,454
令和元	1,392
2	1,415

(人)

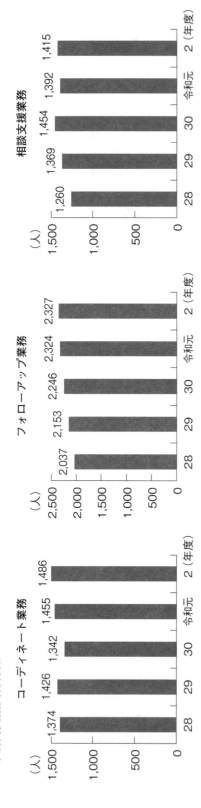

2. 年度内支援終了件数

コーディネート業務

年度	件数
28	695
29	751
30	677
令和元	759
2	771

(人)

フォローアップ業務

年度	件数
28	619
29	558
30	591
令和元	716
2	601

(人)

相談支援業務

年度	件数
28	626
29	685
30	672
令和元	600
2	648

(人)

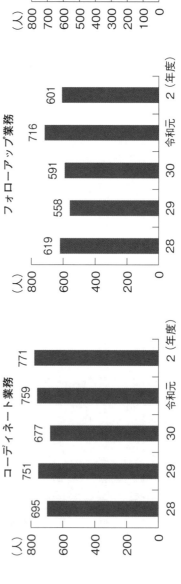

（相談支援業務の件数は、面接・訪問等の支援を実施した者に限定して計上。電話相談のみは除外）

出典：厚生労働省　地域生活定着支援センターの支援状況

140

㉜ホームレスの実態に関する全国調査（概数調査）結果

1. 全国のホームレス数

	男	女	不明	合計	差引増▲減
平成30年調査	4,607	177	193	4,977	▲557（▲10.1%）
平成31年調査	4,253	171	131	4,555	▲422（▲8.5%）
令和2年調査	3,688	168	136	3,992	▲563（▲12.4%）
令和3年調査	3,510	197	117	3,824	▲168（▲4.2%）
令和4年調査	3,187	162	99	3,448	▲376（▲9.8%）

2. 全国のホームレスの分布状況

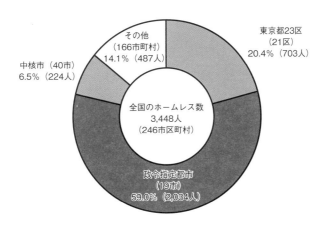

3. 場所別のホームレス数

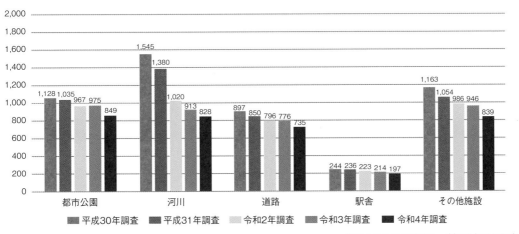

出典：厚生労働省資料（令和4年4月26日）

141

㉝自殺者数の年次推移

○令和3年の自殺者数は21,007人となり、対前年比74人（約0.4%）増。

○男女別にみると、男性は12年連続の減少、女性は2年連続の増加となっている。また、男性の自殺者数は、女性の約2.0倍となっている。

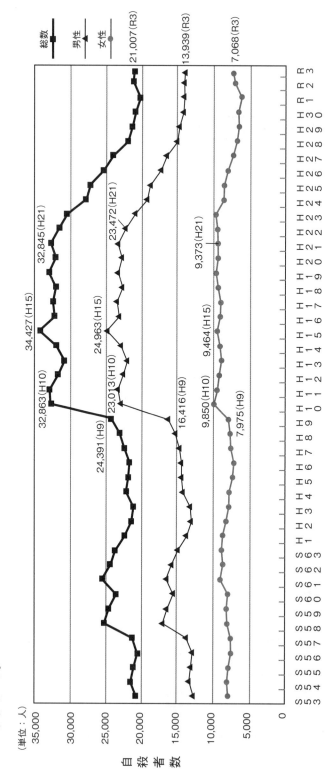

（単位：人）

自殺者数

資料：警察庁自殺統計原票データより厚生労働省作成

㉞DV相談件数の推移

・DV相談件数の推移を見ると、2020年度の相談件数は、18万2,188件であり、2019年度の約1.5倍。
・2021年度の相談件数は、17万6,967件であり、2020年度と比較すると減少しているものの、毎月1万4,000〜1万6,000件程度の相談が寄せられており、引き続き高水準で推移。
・2022年9月の相談件数は、1万4,571件（前年同月比▲0.3%）となっている。

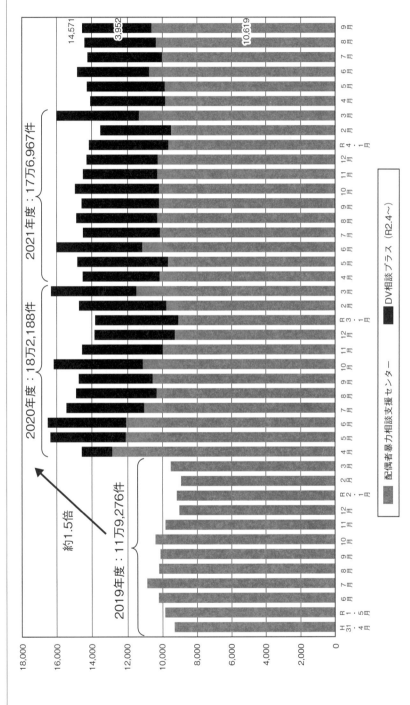

※本グラフは、全国の配偶者暴力相談支援センターに寄せられた相談件数とDV相談プラスに寄せられた相談件数を集計したものである。
※配偶者暴力相談支援センターの相談件数については、内閣府において、各都道府県から報告を受けた相談件数を、2022年12月2日時点でとりまとめ、集計したものである。

出典：内閣府男女共同参画局調べ

143

社会保障・福祉政策の動向2022

発　行　　2023年3月20日　初版第1刷発行
定　価　　1,430円(本体1,300円＋税10%)
編　集　　全国社会福祉協議会　政策委員会
発行者　　笹尾　勝
発行所　　社会福祉法人 全国社会福祉協議会
　　　　　〒100-8980　東京都千代田区霞が関3-3-2　新霞が関ビル
　　　　　Tel.03-3581-9511　fax.03-3581-4666
印刷所　　株式会社 丸井工文社
ISBN 978-4-7935-1427-2 C2036 ¥1300E
禁複製